音楽プロデューサーとは何か

浅川マキ、桑名正博、りりィ、南正人に弔鐘は鳴る

寺本幸司

毎日新聞出版

JN023678

はじめに

二〇二一年が明けた一月七日、南正人が死んだ。

五十年前、南正人を引き合わせてくれて「海と男と女のブルース」などいくつかの名曲のコトバを書いてくれた成田宙路之(ヒロシ)から午後十時過ぎ、「てら、ナミが死んだ」と電話があった。

南正人は、横浜のライブハウス「サムズアップ」の第一部のステージで三曲歌ったあと、ギターの弦が切れたので立ち上がりかけた瞬間、倒れた。

背後でドラムを叩いていた息子のトット（泰人）が駆け寄って抱き上げた。南は大きく息を二回吸って吐いたあと絶命した。

救急車で搬送された病院の医師が死因は解離性動脈瘤破裂と診断し、「瞬時に起きたので痛みは感じなかったはずだ」といった。


午後六時くらいだったか、南とＳＮＳで「南、表現者としての旗印はいつも『ＩＮＧ（イング）』だぜ！」なんてやり取りをしていたばかりだったので、「えっ！」と声が出たあと頭の中が真っ白になった。が、南がステージで倒れて息子の腕の中で息絶えたと聞いて、「凄いな。南らしい。こんな死に方は南正人にしかできないよ」と、やっとコトバが出た。

去年（二〇二〇年）の七月頃、南からめずらしく電話があった。

「てら、コロナコロナでライブの予定がみんな飛んじまってさ、引きこもりの中、CDになった音や日本各地のライブハウスで録音した音源を毎日毎日聴き込んでいるうちに、百二十六曲選んで、『歌日記自選集』二枚組CD六枚になるけど出すことにしたんだ」とめずらしくきっぱりした声でいいきった。

「おいおいまさか遺言自選歌集じゃないだろうな」といったら「てら、リセットリセット、これを出してからまた次の場面に行くのよ」という笑い声に賛同して「広報宣伝はまかせてくれ」と伝えて電話を切った。

音をカタチ（商品）にしてくれる澤村恒美と連絡を取りあって、とりあえず『南正人／歌日記自選集』のVol・1とVol・2の2セット出すことになり、編集した音を送ってもらってふた晩も聴き込んだ。たしかにCDからのものと比べてライブハウス録音ものは、音のクオリティは落ちるものの、南の息づかいやカラダの温もりまで伝わって来て、客席をひとつにして捲きおこるグルーヴ感がたまらない。南に「最高じゃないの！」とメールして、ようやく十二月初旬、ご機嫌なジャケット付きで発売に漕ぎつけた。

十二月三十日。SNSにジャケット写真付きで「ぜひ手にとってみてほしい！」と購入方法など書いて載せたら多くの反響があって、南からもハート印の「いいね」が来た。

その前の十二月二十八日。九段下の毎日新聞出版の開け放たれた応接室でアクリル板越しに編集者の宮里潤と本稿の出版について打ち合わせをしたとき、「加筆推敲のあと最終原稿を一月十五日には入稿します」と約束した。

だが、正月明けから手がけるつもりが南正人の死で前に進めなくなった。朝から晩まで南とのことがアタマの中を駆けめぐり、「これが鬱というものか」と落ち込んで何も出来ない。

一月十七日。南正人が死んで十日が経ち、浅川マキの十一回目の命日になった。

この日を区切りにして南病《やまい》からぬけだし、本稿の副題を「浅川マキ、桑名正博、りりィ、南正人に弔鐘は鳴る」として原稿を仕上げることにした。

第一章　浅川マキと出逢う

時代の表現者たち

二〇二〇年一月十七日。浅川マキが逝って十年になる。

この十年の間に、音楽プロデューサーとして、ひとつの時代を一緒に創った浅川マキ、りりィ、桑名正博と三人の歌手アーティストを失った。しかし、三人の残した歌やその存在は、この時代のなかで再び光を取り戻そうとしている実態と実感がある。

マキと桑名とりりィともデビューから死を迎えるまで、表現者として人間として濃い赤の絲で繫がっていた気がする。この五十年近い年月の間、彼らのことが頭の中から消えたことがない。彼らがこの世から去ったあと、いまもつづいているのだ。音楽プロデューサーの業《ごう》というものかもしれない。

一九六六年十二月、日本初のマイナー・レーベル・レコード会社「アビオン・レコード」を立ち上げ、製造販売先をビクターに決め、六七年四月、一作目のレコードを発売することになった。二十七歳のときである。

きっかけは、以前かかわっていた呼び屋の仕事でスポンサーとして赤松不動産の赤松社長と知りあったことだ。赤松不動産は高度経済成長を背景に東武線沿線の宅地造成とツーバイフォーの建売り住宅販売で勢いに乗った会社だった。赤松社長は名前どおりの赤ら顔で、東北弁まる出しの人のいいおじさんに見えた。

ある日、赤松さんから、めずらしく畏《かしこ》まった声で、「すぐ来てくれ」と呼び出しがかかった。驚くべき話だった。「いま、八千万ほど使える金がある。どうせ税金に持っていかれるんだったら、新しい事業をはじめたいと思ってな、何かアイデアはないか」と。

二日ほど野村証券研究所に通って、もっとも将来性のある新事業は何かと資料を調べたりレクチャーを受けたりした。家電関係は別にして世界的に伸びているのはレコード産業だった。だが、ビクターやコロムビアを相手にするようなレコード会社はつくれない。しかし、アメリカでは、アイランドやブッダ・レーベルといったマイナー・レーベルの会社が大手メーカーにない歌手アーティストのレコードをリリースしてヒットを出している。

そこで、マイナー・レーベルのレコード会社を設立する企画書を書いて赤松さんに見せた。芸能好きの赤松さんは大乗りになって、「やろう、やろう」という話になった。だが、アメリカやイギリスと違って、日本のレコード製造販売は大手レコード会社が握っている。制作宣伝まではできるが、どこか大手レコード会社と組まなければ事業として成り立たない。

一九五九年、日大藝術学部文芸学科に在学中、誘われて入った会社が「株式会社 芸映」だった。その時の上司だった鈴木力が、「音楽出版社 芸映」の社長になっている。相談に行った。

赤松さんにも会ってもらった。すでに、エミー・ジャクソンの「涙の太陽」をヒットさせていた鈴木さんも乗り気になって新レコード会社の専務として参加してくれることになり、TBS前のフランセの二階に七十坪ほどの事務所を借りた。

社長には、のちに日大藝術学部放送学科学部長になる呉正恭さんを招いて、資本金五千万円の「アビオン・レコード」が誕生した。レコードの製造販売はビクターと交渉することに決めたが、問題は制作陣である。

園まりや青山ミチ、加藤登紀子らを世に出して菅原洋一の「知りたくないの」をヒットさせているポリドールの看板ディレクター松村慶子（旧姓・藤原）が産休で会社を休んでいるので、鈴木力さんが会いに行ってみようという。

一九六六年十二月二十五日。アマンドのクリスマス・ケーキを持って東長崎の松村宅を訪ねた。ご主人の松村孝司氏は、ポリドールの洋楽制作部に在籍するディレクターで、「ザ・タイガース」のデビューから次々とシングル・ヒットを飛ばしているのは知っていた。その松村さんが出迎えてくれて、「いま慶子は子どもをお風呂に入れている」という。力さんと松村さんの業界話を聴いているうちに、慶子さんがあたまにタオルを巻いて生まれたばかりの赤ん坊を抱いて現れた。それが、それから二十年近く濃い仕事付きあいとなる「おけいさん」との初対面だった。

その夜、「アビオン・レコード」のことを熱く語った。ポリドールの足かせだらけの制作体制に不満をつのらせていたおけいさんは、正月明けの十日、鈴木力さんに、「面白そうだから、いちど話を伺いに行きます」と電話をくれた。力さんと「やったな」と頷《うなず》きあった。

ビクターとの契約交渉もまとまって一九六七年五月、アビオン・レコード一作目のレコード発売が決まった。

ポリドールを辞めて来てくれたヒット・ディレクター松村慶子を中心に制作会議が開かれた。いろいろ歌手の候補があったが、松村が置き土産にヒットさせた「知りたくないの」の菅原洋一をかかえていた小澤音楽事務所の小澤惇が、前からおけいさんに売り込んでいた「浅川マキ」というブルース・シンガーが最終候補にあがった。

五千万円を出資してくれた赤松不動産の赤松さんを連れて来た功績で、わたしはアビオンの役員待遇の企画部長という肩書が与えられた。とはいえ、これまで音楽にかかわる仕事などしたことがなかったので、見るもの聞くものすべてがめずらしかった。

シャンソン喫茶「銀巴里」に出ている浅川マキをオーディション気分で見に行った。学生時代から新宿のジャズ喫茶に入りびたり朝を迎えるような暮らしをしていたから、ゴスペル（黒人霊歌）やブルースをレパートリーにしている浅川マキに興味はつのっていた。

黒い裾長のドレスに長い黒髪。突き放したような眼差し。歌いだしの一曲目は、マヘリア・ジャクソンのゴスペルソング「Sometime I Feel like A Motherless Child（時には母のない子のように）」で、それもアカペラで暗闇から響いてくるような声に圧倒された。ルックスは美人とはいえないが深いところから出てくる声がいい。これは本ものだと思った。まるでファンのような心持ちになって楽屋口で、「よかったよ。いい曲ができるといいね」といったら、ステージとは別人の浅川マキがはにかむような笑顔になった。

そんなジャンルがあるのかどうかも知らなかったが、浅川マキのデビュー曲は演歌ブルース「東京挽歌」で行くことになった。作曲は、レナウンのCMソングで頭角を現した小林亜星、作詞はのちに藤圭子を世に出した沢の井竜二（石坂まさお）。B面は、「アーメン・ジロー」（詞・浅川マキ、曲・山木幸三郎）。一九六七年四月二十一日、アビオン・レコード第一弾「東京挽歌」はビクターレコードから全国発売された。

肩書は企画部長だったが、浅川マキの宣伝担当になった。全国キャンペーンを組んで、ラジオ番組に出したり取材がらみで山谷や釜が崎の飲食街で歌わせたりした。当時、有線放送が普及しはじめていて演歌ブルースというからには、流しの人たちが歌い広めなければヒットにつながらないという沢の井の意見もあり、各地の流しの組合にカラオケテープを持って行って歌を聴いてもらった。しかし、手ごたえのある反響はなく、ラジオ局ではB面の「アーメン・ジロー」の方が評判がよかった。

だが、こうした底辺キャンペーンで浅川マキと同志のような信頼関係が生まれた。熱海の流しキャンペーンの夜、へとへとになって旅館に辿りついた。もう深夜に近い時間で、先にマキを風呂に行かせて、マキが出たあとに入ると洗い場に丸い真っ赤な指輪が落ちていた。その指輪を「きみのか?」とマキに見せた。マキはあわてふためいて指輪を奪い後ろ手に隠した。マキはいつも黒い衣装に合うように黒い指輪をしていた。毎朝、マスカラかなにかで黒く塗っていたのだろう。表現者としての浅川マキのこだわりを見た気がした。

結局、「東京挽歌」は売れなかった。同時期に発売されてヒットし始めていた扇ひろ子の「新宿ブルース」に喰われたとかいわれたが、鳴り物入りで勝負した作品だっただけにアビオン・レコード内の空気が悪くなった。つづけて冠二郎らと何作かレコードも発売したが、めだったヒットも出ないこともあって、出資者の赤松さんがやたら口を出すようになった。呉さんや鈴木力さんとも距離ができはじめた。

おけいさんのアシスタントのような格好でレコード制作のあれこれを学びレコード・ビジネスの仕組みもわかりはじめた頃だったが、おけいさんが「面白くないので辞めたい」といいだして、一九六八年の一月、一緒にアビオンを出ることにした。

小澤音楽事務所の小澤惇がおけいさんと立ち上げていた「ジュン&ケイ」という音楽出版社があって、そこに来ないか、という話になった。小澤音楽事務所は、おけいさんが菅原洋一「知りたくないの」で世に出したなかにし礼が作詞した、「誰もいない」がレコード大賞を受賞したりして勢いに乗り始めていた。その「ジュン&ケイ」で、おけいさんはレコード原盤制作をやるという。小澤音楽事務所には浅川マキがいる。「ジュン&ケイの『&』が寺さんよ」とかいわれて、六本木の内田ビルに居を構えたジュン&ケイで仕事をすることになった。

だが、ジュン&ケイはまだ稼ぎの当てのない会社だった。おけいさんのディレクターとしてのセンスにぞっこんだった浜口庫之助から、「浜口庫之助音楽事務所」を手伝ってくれないかと話がきて、「寺本と一緒なら」と返事をしてくれた。ハマクラさんは、海のものとも山のものともわからない寺本なんかいらないという風だったが、ふたりひと組みで月三十万円の契約をジュン&ケイとしてくれた。

それで、渋谷の猿楽町にあったハマクラ事務所に通うようになるのだが、おけいさんはロス・インディオスの「コモエスタ赤坂」のレコーディングや、これもおけいさんがその才能を見つけて世に出した中村泰士と四つに組み、元ロカビリースター佐川満男をカムバックさせる作品づくりに取りかかっていて、ほとんどハマクラ事務所に現れない。「おけいさんは、どうしてるの？」とはじめは通いつめるこちらを迷惑がっていたが、デビュー前の錦野旦《にしきのあきら》や辺見マリのいる「浜口庫之助ミュージック・カレッジ」の面倒をみたり、石原裕次郎の歌で当たりに当たっているハマクラさんのマネージメントにもかかわって重宝がられるようになった。

ハマクラさんは天才肌の人で、音楽ばかりでなくこの人から多くのことを学んだ。石原裕次郎の「粋な別れ」が大ヒットしたあとのこと。「寺本くん。ちょっと聴いて」と、ハマクラさんが出来上がったばかりの「港町・涙町・別れ町」をアップライトのピアノの腹をムートンのスリッパで蹴ってリズムを付けうたってみせてくれた。「音楽は、まずリズムだよ」といつもいっていた見本がムートンのスリッパに乗り移ったようで、いまでもその場面はこころの襞《ひだ》に張りついている。

そのうち、仕事が終わると焼酎の相伴《しょうばん》にあずかるようになった。「人生は点を取ることによってしか証明しうるものがない」、「普通のものが書けないで前衛もないものだ」など、ハマクラさんの沁みるコトバがいくつも耳に残っている。

「夜が明けたら」

一九六八年。年が明けた早々、東京オリンピック銅メダリスト・マラソンの円谷幸吉が自死し、『あしたのジョー』の連載が「少年マガジン」で始まった。二月には、成田空港三里塚闘争で反対派住民と警察隊が激突、戸村一作委員長が重傷を負った。四月には、マーティン・ルーサー・キング牧師が暗殺され、フランスの五月革命とつづき、六月には学園闘争が激化し東大で安田講堂が占拠され、日大闘争で警察官が死亡し、ロバート・ケネディが暗殺された。チェコの「プラハの春」動乱は深刻さを増し、ベトナム戦争も泥沼化していた。

浅川マキは、まだ小澤音楽事務所のブッキングするキャバレーやナイトクラブの仕事をしていた。

ほとんど会うことはなかったが、マキのことはいつもアタマから離れなかった。浅川マキという表現者の本質を捉えていた気がしていたから、もともと文学を指向していたこともあって、「きみには言葉が必要だ」とラングストン・ヒューズ詩集なんかを新宿西口公園を見下ろすビルの屋上にあるペントハウス風のマキの部屋に送ったりした。

土方巽の暗黒舞踏派の舞台が注目され、唐十郎「状況劇場」は花園神社に紅テントを立て、寺山修司率いる「天井桟敷」もアートシアター「新宿文化」やアンダーグラウンド・シアター

「蠍座《さそりざ》」を拠点に新宿の夜を撹拌していて、これからのカウンター・カルチャーは既成概念を破壊したアンダーグラウンド的な地層から生まれるだろうという、なんとなくの予感があった。「黒テント」の佐藤信と付きあうようになって、加藤登紀子のコンサートを演出してもらったりした。浅川マキもこうした時代の空気をはらんでいると思っていた。

寺山修司は、彼のデビュー戯曲「血は立ったまま眠っている」をラジオで聴いた時から注目していた作家だった。どちらかというと寺山の根っこにある青森の恐山体質が苦手だったが、金沢から夜行列車に乗って家出してきた浅川マキとは同じ匂いがする。

天井桟敷には、芸映で喜劇俳優・伴淳三郎のマネージャー仕事をしていたころ、松竹大船撮影所で口をきくようになったのちの寺山夫人、女優・九条映子（今日子）繋がりで、一九六七年四月の「天井桟敷」旗揚げ公演のころから出入りするようになった。旗揚げ公演の『青森県のせむし男』からその後の舞台もすべて観ていた。終るたびに寺山修司から感想を求められる。第三回公演『毛皮のマリー』のあと、浅川マキを紹介した。

音楽の仕事をやるようになって、「歌は三分のドラマで、演じるのが歌手である」と考えていたから、いちど浅川マキを舞台に立たせてみたかった。

寺山は人間として物語をはらんでいるような素人役者が好みだったから、すぐ北陸の田舎町から家出してきたマキの物語を見抜いて、一場面だが『新宿版・千夜一夜物語』に出してくれ、

「立った姿とセリフの間《ま》がいい」とほめてくれた。

「東京挽歌」の宣伝担当になったころ、全国キャンペーンに出るまえ、「浅川マキは、一九六二年二月の凍てつくような寒い夜、母親の反対を押し切って石川県石川郡美川町役場『国民健康保険窓口係』の職を捨て、家出同然にボストンバッグひとつで夜行列車に乗った。朝六時上野駅に着いた」という出だしのプロフィールを作った。

一九五〇年代の終わりから六〇年代のはじめにかけて、高度経済成長の波で多くの東北地方の中卒労働者が集団就職で「金の卵」とかいわれて東京の町工場《こうば》やクリーニング店、自転車屋などに就職した。彼らの過酷な労働環境のなかで唯一、慰めになったのが歌だった。井沢八郎「あゝ上野駅」は彼らの愛唱歌となった。

一九五九年から激化した安保闘争の国会前デモでスクラムを組んでいる学生たちのなかで、いちばん大きな声を出しているのが地方出身の学生だった。それを肌で感じていた東京生まれ育ちの者にとっては、彼ら地方出身者のエネルギーに圧倒される思いがあった。だから、北陸の重い鉛色の冬空を振りきるように東京に行って歌手になる夢を抱いて家出した、浅川マキの〝見るまえに跳べ〟の情熱を前面に押し出したいと思った。

だが、東京で暮らすようになって五年が経つマキは都会の女になっていた。それも、ニューヨークの場末の匂いがした。

天井桟敷の芝居に出したあと、めずらしくマキから、「小澤音楽事務所に入るまえ、よくうたっていた横浜の『トリス・クラブ』に出るので来てくれないか」と電話がかかってきた。

行った。「トリス・クラブ」はナイトクラブというより気軽なBARの雰囲気で、日本人客よりも私服の米兵が多く女連れの白人に交じって黒人も何人かいた。浅川マキが、そのステージで最後にうたったのが、「奇妙な果実（Strange Fruit）」だった。

粒《つぶ》だった拍手のなかで、ビリー・ホリディの「奇妙な果実」を生《なま》で聴いた気がした。リンチにあって虐殺され木に吊りさげられた黒人の死体が腐敗して崩れていくさまを奇妙な果実だと表現した歌である。

ジャズ喫茶びたりのころ、リクエストでよくビリー・ホリディの「奇妙な果実」の入ったアルバムがかかっていたので知ってはいたが、あまりにも悲惨な歌なので避けてきた歌だった。だが、マキの突き放したようにうたう「奇妙な果実」には、乾いた悲しみがあって躰《からだ》がふるえた。

浅川マキをプロデューサーとして世に出したいと思うようになってから、奇妙な感覚かもしれないが、眼のまえの浅川マキが浅川マキであって森本悦子（本名）とは別ものと考えるようになった。

だから、彼女の私生活にも近づかなかったし過去の話もほとんどしたことがない。

ただ、北陸の寒村から家出して上京した浅川マキが、マヘリア・ジャクソンやビリー・ホリディを知っていたはずがない。マキ本人の口から聞いたわけではないが、東京に出てきてからキャバレーやナイトクラブでピアノを弾いている国立音大出の男と同棲していた話は知っていた。それも五年近い付きあいだという。その男の影響で、森本悦子が浅川マキになったのは明らかだ。だが、その男に会いたくはなかった。

小澤音楽事務所に入って参宮橋のアパートにひとりで棲むようになったころ、「ピアノ弾きの男とはどうなったの?」と訊いたらマキは、

「小澤さんから直接いわれたわけじゃないけど、男と暮らしているような女はデビューさせられない、と」

「で、別れたわけ?」

「ま、そろそろ潮時かな、と思ったりしていたから」と下を向いた。

「東京挽歌」で全国キャンペーンをしていたとき、何かの拍子に、「夜行列車で上野に着いたあと、どこへ行ったの?」と訊いたことがある。

「六時に着いて、まっすぐ有楽町へ行きました」という。

住んでいた月島から有楽町に出て、地下鉄丸の内線で江古田の日大藝術学部に通っていたこ

とがあるから、「えっ、有楽町！」と大きな声になった。出来たばかりのそごうデパートの前に一時間くらい立っていた、と。

「家出するまえ、のど自慢番組やレコード会社のオーディションで女のひとの歌じゃ声が低すぎるので、フランク永井の歌をうたっていたんです」

「『有楽町で逢いましょう』も？」

「ええ。有楽町って楽しみが有る町って書くでしょう。ずっと、行ってみたかった」

マキは憧れるという言葉はひとつも使わなかったが、北陸との距離を感じた。そして、マキは、なにかにつけて「寺本さんは東京の人だから」というようになった。


ビリー・ホリディが頭から離れなくなって、マキと重ね合わせて考えるようになったが、酒とドラッグと男というビリー・ホリディの生きざまとマキはほど遠い。だが、ひとりジャズ喫茶で朝をむかえるあてどない都会の放浪者の匂いはある。その視線から時代の語り部のような歌手になれないか。

サルトルの女といわれたジュリエット・グレコの話をしたことがある。

「ジュリエット・グレコの黒は好きです」

「うん、あの黒に女を包んでいるから、眼がものをいう」

もともと、マキはグレコのように長い髪と黒っぽい衣装でうたっていたが、躰にフィットする裾長の黒いドレスに黒いロングブーツというスタイルを完成させた。

「東京挽歌」のB面で評判のよかった「アーメン・ジロー」は、浅川マキのコトバにニューハード・オーケストラの専任アレンジャーで作曲家のギタリスト・山木幸三郎が曲をつけたものだ。

一九六八年も夏が過ぎようとしていたころ、「歌の詩、書いている?」と訊くと、「夜が明けたら」という曲が出来て、この間、銀巴里でうたったという。

夜が明けたら一番早い汽車に乗るから
切符を用意してちょうだい
私のために一枚でいいからさ
今夜でこの街とはさよならね
わりといい街だったけどね

浅川マキのなかで眠っていたものが形と色になって出てきたと確信し、ここから浅川マキのひとり舞台を仕込みたいと思うようになった。

寺山修司に構成演出を頼むと決めて、新宿伊勢丹そばの映画館「アートシアター新宿文化」の地下にあるアンダーグラウンド小劇場「蠍座」でやりたいと、支配人でアート・シアター・ギルド（ATG）の映画プロデューサーでもある葛井欣士郎に、浅川マキを連れて会いに行った。

前衛演劇の拠点となっていた「蠍座」には、天井桟敷がらみでよく出入りしていた。八十人も入れば満席という小屋だった。黒に紅殻色を配した壁が演者たちの情念を貼りつけたような空間に、マキはちょっとひるんだような表情になった。葛井支配人は、「面白そうね」と十二月のスケジュールを出してくれた。寺山と相談して、公演日を、十二月十二日（木）、十三日（金）、十四日（土）とした。

寺山修司に、浅川マキの歌をきちんと聴いてもらっていなかった。「蠍座」の葛井支配人に許諾をもらったあと寺山を「銀巴里」に連れて行った。いつもマキは昼の部だったが、この日は、天井桟敷公演『毛皮のマリー』で光を浴びた丸山明宏（美輪明宏）がトリでうたう日だったので夜の部の一番手にブッキングした。丸山明宏が、寺山に「何しに来たの？」と訊いて「浅川マキだ」と答えると、「あの子、いいわよ」と答えたのが寺山の関心をひきつけてくれた。

三十分のステージで、マキは「奇妙な果実」など五曲ほどうたった。なかでも寺山がいちばん反応したのは「夜が明けたら」だった。

あたまのセリフで、「夜が明けたら一番早い汽車に乗るから／夜が明けたら一番早い汽車に乗るのよ／夜が明けたら 夜が明けたら」と語りがあって歌に入る部分に身を乗り出すようにしているのがわかった。『新宿版・千夜一夜物語』の舞台に立たせた浅川マキとダブって見えたに違いない。耳元で「誰の曲？」とささやくから「マキの曲です」と答えた。

この瞬間に寺山には、「浅川マキ蠍座公演」のすべてが見えたようだ。

十月末に寺山からまるで台本のように、「かもめ」、「ふしあわせという名の猫」、「前科者のクリスマス」、「あたしが娼婦になったら」、「山河ありき」など十二曲もの歌の詩が届いた。それに山木幸三郎が曲をつけた。歌詞というより物語をはらむ「詩」のようで、字足も揃っていない。それに、寺山は一字の改変も許さない。山木はコトバと格闘するようにすべて歌に仕上げた。

十二月に入って、構成台本が来た。寺山＋山木作品が九曲、マキのレパートリーから四曲。「奇妙な果実」とアダモの「雪が降る」も入った。すべての曲順は忘れてしまったが、一曲目は、「夜が明けたら」だった。最後の曲は九分四十秒にもなる「ロング・グッドバイ（朝鮮人のおじさん）」。ほとんど曲つながりで、曲あたま、次の歌にいざなうように短いセリフがついていた。赤ペンで、「アンコールなし。立ち位置などは通し稽古時決め」とある。

スタッフを総動員してチラシを新宿中の電柱に貼る勢いでがんばった。すると天井桟敷の話題とからまりあい学生たちの口コミもあって、十時開演という深夜公演にもかかわらず前評判がうなぎ昇りになった。

バックバンドは稲垣次郎カルテット。アレンジは山木幸三郎。九時まえまで映画上映があったから前日の昼間スタジオで音合わせはやったが、通しリハーサルはその夜十時からの一回だけ。だが浅川マキは、セリフも歌詞も完全に躰のなかに入っていて一ヵ所一行の間違いもなかった。

通しリハが終ったときには、午前一時を回っていた。空っぽになった客席で寺山と確認事項などの打ち合わせをしていたら、一階のアートシアター新宿文化の楽屋にいたマキから「話したいことがあるから」と声がかかった。上がって行くと、マキが最後の曲、「ロング・グッドバイ（朝鮮人のおじさん）」は、やっぱりうたいたくないという。

詩をもらったときから、「息子に見捨てられた朝鮮人のセールスマンのおじさんが首をくくって自死する歌詞」に、寺山は「奇妙な果実」を重ねて書いたのだろうが、ついこの間の金嬉老事件も出てくるし、差別語満載のこの歌にマキは抵抗するだろうな、と思っていた。リハでうたってくれたのでホッとしていたところだった。

蠍座の舞台そでにパイプ椅子をふたつ置いて、寺山とマキのふたりで話してもらうことにした。三十分ほどして、マキが楽屋に上がってきた。暗い表情のマキに「どうなった?」と訊く。ぼそっと「やる」と、ひとこと放り投げるようにいった。

螺座に降りたら、寺山修司がひとり腕組みをしたまま宙を見ていた。タバコを吸ったところを見たことがない寺山が、「タバコある?」というので火をつけてやったら、頬をゆるめて「マキはいいね」とこちらもひとこと。

後年、浅川マキは、この夜のことを「現代詩手帖」に書いている。

深夜はとうに過ぎていたと思う。地下にある小さな劇場の隅に、ふたつ椅子を置いた。明日の夜には、此の場で、わたしは化粧をして唄う。わたしのために書かれた詩がます日いっぱいになって、わたしはその分厚く束になった原稿用紙を力なく持っていた。寺山修司さんは膝に手を置くと、大きなからだを屈めるようにして座った。彼は目線を上げると、まっすぐこちらを見ても黙っている。彼の背後にはこの劇場の空間がある。明かりも落ちて、真っ黒な壁のあっちこっちに、わずかだが紅殻色を配してあるのだが、それがいまは滲んでみえる。天井にはむき出しのパイプ管が力強く通って、サス・スポットが首を垂れていた。明日になったらこのガランとした箱のような劇場がどんな風に変貌するのか、だがいまは、パイプ椅子がふたつポツンとあるだけである。壁をすぐ背にしてわたしは少ししょんぼり座っていたかも知れない。

「どうしてなの」

寺山修司さんの声は小さかった。言葉が、わたしの耳に届くまえに、すっと落ちて絨毯に吸い込まれている。この地下の劇場には音が無かった。表を走って行く車の音すら入っては来ない。わたしは東京で暮し始めて、なんの音も聞き取ることが出来ない、それははじめてのことだった。

「どうしてなの」

寺山修司さんは、またぼそっと言った。だが今度は声の響きに強いものがある。そのときはじめて、わたしは彼がたいそう猫背であるのに気付いた。丸くて大きな肩巾が顔を包み込んでいて、そのことを隠すようにレインコートの襟を立てて裾は床に垂れている。そのときまた、わたしは、いつも姿勢よくピアノを弾き、なににつけてもきちんとしている男のことを思った。男はいつかわたしに、そんな風に猫背で座っていると、また肺病になるぞ、そう言ったことがある。いまは、こんな暗い劇場の片隅で、猫背のふたりが向い合っている。わたしはそう思うと、なにかしら優しい気持になった。

「この詩が、わたしには唄える自信がない」

「それは、決して、ぼくの詩が、うたとして長いからではなくて、あなたのなかに、なにかあると云うことですか」

「朝鮮人と云う響きに、自信がない」

「朝鮮人のおじさんのうたは、明日からの舞台で、ぼくがあなたに、一番唄って欲しいうただとしたら」

わたしは、うつむいたままで、寺山修司さんの白い靴下につっかけを履いた奇妙な足許と、床にずれたままになっているコートを見ていた。長いあいだそうしていた。いま、彼はわたしのどこを見ているのだろうか。息を殺しているのは、わたしの方か。


十二月十二日（木）初日、九時半開場というのに八時過ぎから並びはじめた客が、九時を過ぎると靖国通りまでつながった。スタッフに数えさせたら九十を超えているという。前売り予約制ではないので開演前に来た客を帰すわけにはいかない。結局、消防に知れたら中止勧告を受けるのを覚悟で葛井支配人に頼み込み、通路に座らせ立見も含めて百二十近く入れた。客のほとんどは男子学生だった。

初日は、音も明り（照明）もバタバタしたが、浅川マキは信じがたいほど冷静で一曲目の「夜が明けたら」をうたいおわったあと、「よく来たわね」のひとことで客をひとつにした。最後の組曲のような「ロング・グッドバイ（朝鮮人のおじさん）」も放り投げるようにうたうのだが、それが歌を生きもののようにした。マキが舞台を去ってもアンコールの拍手がいつまでもつづいた。

最終日十四日（土）。むろん了解してもらって、廊下の扉を開け舞台の見えない階段にまで客を入れた。サックスの稲垣次郎カルテット、ミュージシャンも譜面を頼りにするのでなく自分の音を出し切って浅川マキの歌を引き立てた。客の盛り上がりも半端じゃなかった。最後の「ロング・グッドバイ」をうたい終わって浅川マキが舞台から去っても「マキ〜」「マキ〜」と合唱のようなかけ声と拍手が鳴りやまない。客席の後ろの立見席で見ていた寺山修司と、人の頭越しに眼を見交わしてうなずきあった。「浅川マキ」という歌手が生まれた瞬間だった。

東芝レコードから浅川マキを再デビューさせることに決めていたが、原盤制作会社ジュン&ケイとしてこの公演を録音してマキのライブ・アルバムを作りたい目論見があった。2チャンネルだったが録音機材を持ち込んでライブ録音をして「浅川マキの世界」というタイトルでアルバムデビューをさせたかった。それもニューヨークの場末のジャズ・クラブで録音したようなモノトーンのアルバムで。

だが、シングル盤が主流のレコード会社は、ヒットシングルをまとめてＬＰアルバムにするのが定石で、ＬＰレコード・アルバムはクラシックを除けば洋楽のコンピレーション・アルバムがほとんどだった。

翌年の六九年二月には、蠍座で一週間連続公演をやって満杯にして、蠍座での公演を定期化したが、「歌手デビューがＬＰアルバムだなんて、それもライブ・アルバムだなんて、聞いたことも見たこともない」と東芝からブレーキがかかり、七月にスタジオ録音の「夜が明けたら」（詞曲・浅川マキ）と「かもめ」（詞・寺山修司、曲・山木幸三郎）のカップリングでシングル盤デビューが決まった。

夜明けの新宿を舞台にしたジャケット付きでシングルの見本盤が出来上がると、ラジオ局に撒《ま》きに行った。「夜が明けたら」がニッポン放送の深夜番組に、学園闘争真っ只中の大学のバリケードのなかからリクエストが来るようになった。

「さっきかけましたが、というと、『どこの大学からのリクエストか知らないが、本校のリクエストは受けられないというのか。ゲバかけるぞ！』なんて脅かされて、昨日なんか四回もオンエアーしましたよ」とＬＦ（ニッポン放送）のディレクターはこぼしていた。

本盤が出来上がって新宿池袋界隈のＢＡＲや酒場のジュークボックスに入れてもらった。深夜に行くと酔った男たちが「かもめ」の五番の歌詞、「おいらは恋した女の部屋にとび込んで／不意にジャック・ナイフをふりかざして／女の胸に赤い薔薇の贈りもの／かもめ　かもめ

かもめ　かもめ」と合唱していたりした。

　発売時には出来たばかりの異色のタウン誌「新宿プレイマップ」で取り上げられ、スポーツ紙の文化芸能面や週刊誌で「新宿のアングラの女王」とか書きたてられた。これは行けるぞ、と手ごたえを感じた。が、イニシャル三万枚で勢いよく発売したものの一万ほど消化したあたりから動きが止まった。東京の新宿を中心としたエリアには浸透したが、話題ばかりで全国への広がりがない。歌が届いていないのだ。

　マスコミ対策をどうしたものだろう、と考えていたとき、テレビ東京の人気番組『ドキュメンタリー青春』の演出家・小原孝弼から声がかかった。小原は音楽プロデューサーに興味を持っていたので、よくジュン&ケイに出入りしていた。

　そのころ、ジュン&ケイは、松村慶子プロデュースで元ロカビリー歌手・佐川満男カムバック作品「今は幸せかい」をミリオンヒットさせ、ロス・インディオス「コモエスタ赤坂」がヒットチャートを駆けあがっていた。

　むろん、松村の相棒としてそれぞれの作品にかかわっていたが、どうしても音楽プロデューサーとして浅川マキを世に出したいという強い思いが小原に伝わったのか、テレビ東京の人気番組『ドキュメンタリー青春』に出ることになった。タイトルは、「新人狩り」。

夜明けの新宿でジャケット撮影。東芝の宣伝会議。刷りあがってきた「蠍座」公演のチケット。浅川マキとキャンペーン行脚。そして、発売一週間前、浅川マキの棲んでいるアパートの屋上で、歌手・浅川マキとプロデューサー・寺本幸司は向かいあっている。

「あと一週間できみのレコードが発売されることになったが、いまの心境はどうかね？」

寺本はぼんやり新宿の街を眺めながら、訊く。マキは長い髪を風から防ぐように押さえて、

「前のレコードと違って、こんどは自分の書いた曲でしょう。だから、素直にいいと思うんだけど……」

「素直というのは、それが自分の歌だし、自分でうたうしかないし、聴いてもらうしかないし、ということか」

「それだけではなくて、いまの自分の気持ちにあの歌がぴったりしているからよ」

「すごく大事なことなんだけどね」

寺本はマキの顔を覗き込むように、

「問題は、デビューした際に与えられた歌が自分のものであるかどうかということを、多くの新人は深く認識しないまま過ごしてしまうことがある」

「うん、そういうこと多いわね」

「だけど、きみの場合は、自分のものだし、ありのままの自分で唄うという強みがある……、

そこで今回は、勝ちたいって気がするんだよ。どうしても勝ちたいって気が……、その勝つって何かというと、ボクシングなら一対一だけど、ぼくの勝つというのはレコードを出した以上、売れなければならない、うたった以上は拍手がほしい、感動させたい……、そういうものが勝ってものにつながると思うんだ。今回、二年前と違うことは、しっかりやった、がんばったんだ、よかったねと手も握りたくないし、慰めあいもしたくないし……、とかく、勝ちたいんだ」

マキは熱っぽく語る寺本の瞳に力強くうなずく。

「二年前と違って、浅川マキはこういう歌手なんだと認識も深めたつもりだし、それだけに今度は勝てるんじゃないかと思っている……、昨日も松村さんと話したんだけど、スチール写真を見て、マキはすごく顔が変わったね、と。その顔が変わったねというなかには、きみ自身がつかまえてきた何かが出ているような気がするんだ……、後に戻れないなんていう気はないけど、とにかく今度は勝ちたい！」

「そりゃ、わたしだって勝ちたいと思うわよ。でも……負けてもやっぱりやめられないわ」

と、マキは、はにかむように笑う。（『ドキュメンタリー青春・東京12チャンネル報道部編』）

番組は一六ミリフィルムで撮影され放送された。

のちに二〇〇〇年ごろ、小原ディレクターがくれたキネコから起したＤＶＤを、マキの仙台坂下のアパートでいっしょに観た。

「やたら、勝ちたい勝ちたいっていってるなあ。蠍座からたくさんのひとを巻き込んじゃって金も使ったしなあ」とぼやいたら、マキは、「このころの寺本さん、使命感あふれるプロデューサーって感じで格好いいじゃない」と笑った。

『新人狩り』はこのあと、小澤とおけいさんと三人で大阪の新人歌手をスカウトに行く場面や他の新人歌手のオーディションやレコーディングのシーンなどがあるのだが、最後はスタジオで見ているおけいさんと寺本の対談カットになり、「音楽プロデューサーとは何か？」と語りあう場面で終わる。

この番組は田原総一朗演出の『カルメン・マキ体験学入門』と同時期に放送され、かなり評判になった。

京都からいくつものフォーク・ソング・レヴォリューションといっていい動きが生まれ、東京に押し寄せてきた。そのはじまりが「ザ・フォーク・クルセイダーズ」の「帰って来たヨッパライ」と「イムジン河」で、岡林信康の「山谷ブルース」、高石ともやの「受験生ブルース」とつづいた。

一九七〇年の二月、「ふしあわせという名の猫」（寺山修司＋山木幸三郎）と「ちっちゃな時から」（浅川マキ＋むつひろし）のシングルを出したころ、この津波のように押し寄せてくる関西発のフォークソングについて浅川マキと話したことがある。「夜が明けたら」は学園闘争にエネルギーを注ぎ込む学生たちに支持されたが、この歌にはメッセージの欠片《かけら》もない。明日の見えない閉塞された状況から、ひとり離れたい思いが歌に重ねられただけだったかもしれない。

おたがいジャズ喫茶育ちでビリー・ホリディつながりだから、声高に叫ぶような歌もパロディっぽく時代を切り裂く歌も苦手である。どちらかというと、時代の底にある退廃的な匂いのする歌が好きだった。「アカシアの雨に打たれて／このまま死んでしまいたい」とうたう西田佐知子の「アカシアの雨がやむとき」は、ふたりとも好きな歌だった。「でも、フォークルの『イムジン河』とか岡林の『チューリップのアップリケ』なんて好きだな」といったら、マキは「岡林はいいわよ。顔もいいし」と笑った。その年の夏、日本の野外音楽フェスティバルのはしりである第二回「全日本中津川フォーク・ジャンボリー」に行くことを決めたのは、浅川マキを野外ステージに立たせてうたわせたかったからだが、ふたりとも岡林信康の生《なま》の歌を見て聴きたかったこともあった。

プロデューサー・デビュー

浅川マキは、少し名前が出てきたこともあって、小澤音楽事務所のブッキングするキャバレーやナイトクラブの仕事も増えて、顔なじみのホステスから「『かもめ』歌ってね」とリクエストが来るようになった。また、ジュン&ケイ企画室仕切りで金沢、京都、大阪など地方のラジオ局と組んでキャンペーンライブを展開し、東京でも「渋谷ジァンジァン」にレギュラー出演させたせいか、タウン誌や音楽雑誌の取材も途切れることがなかった。

ようやくマキのアルバム待望論が出始めるようになった。二枚出したシングルも足並みは遅いが期待通りのセールス数字を出していた。

新聞雑誌同様、レコードも一定の定価を維持しなければならない決まりがあって、アルバムは二千六百円もする。浅川マキの中核ファンである学生たちにとっては軽く手の出せる金額ではない。よほどのものでなければ勝負にならない。だが、寺山と組んだ蠍座公演を下敷きにしたアルバムには、自信があった。

ただ、ライブ・レコーディングをした蠍座公演から一年近く経っている。その間、「夜が明けたら」も「かもめ」も、「ふしあわせという名の猫」もシングル用にスタジオ録音している。寺山修司・構成演出の浅川マキ蠍座デビュー公演そのものを一枚のアルバムにすることはできない。2チャンネル録音した音を聴いてみるのだが、初々しさはあるもののアルバムに使える音ではない。しかし、寺山とやったマキのデビュー公演は再現してライブ録音をしたい。そこで六九年十二月二十九日から三十一日「浅川マキ三夜連続公演」をやることにした。それも六八年のデビュー公演とほぼ同じ寺山修司構成演出で。

だが、寺山も浅川マキと組んで歌づくりの面白さを知ったのか、六九年に入って十七歳のカルメン・マキで、「時には母のない子のように」という曲をミリオンヒットさせている。カルメン・マキは、天井桟敷を支えるスター歌手となっていた。寺山修司を浅川マキと再び組ませる手立てはない。

とはいえ、蠍座デビュー公演のコンセプトは大事にしたい。で、六九年十二月二十九日から三十一日までの三日、蠍座で六八年とほぼ同じ楽曲構成で組んでいた今田勝トリオを中心にして「浅川マキ三夜連続公演」をやり、4チャンネルライブ録音をした。

越路吹雪や水原弘をスターダムに押し上げた東芝の渋谷森久ディレクターと練りに練ってこのライブ録音テープとスタジオ録音ものを並べ、当時ミュージック・コンクリートとかいったスタイルで、一九七〇年(昭和四十五年)の現実の都会の息吹をからめとろうと考えた。そこで、赤ん坊の泣き声にかぶさるバイクの音や浅川マキに質問を投げかける人たちの吐く息まで録音して曲間を埋めた。

「夜が明けたら」と「ふしあせという名の猫」の間には、ジェット機の離陸する音が欲しくて横田基地まで行った。「雪が降る」と「愛せないの愛さないの」の間に子供や男や女からマキに質問が浴びせかけられるのだが、男が「娼婦になりたいと思ったことある?」という質問に浅川マキは「うん、ときどきね」と答えている。

楽曲的に拘《こだわ》ったのは、アルバムの一曲目に入る「夜が明けたら」は蠍座録音のものにしたのと、TBSの北山修の番組にマキがゲストに出たのをきっかけに、マキ自身が頼んで書いてもらった「不思議な橋がこの町にある／渡った人は帰らない」の「赤い橋」(曲・山木幸三郎)を入れたことだろう。それと、タイトルは蠍座公演の時からの思いをこめて、『浅川マキの世界』とした。

このアルバムに寺山は、「蠍座公演構成演出・寺山修司」としてしか出てこない。「プロデューサー・寺本幸司」としたかったが、クレジットには寺山と作りたかったアルバムだったし、「構成演出・寺沢圭(寺本のペンネーム)」とした。

問題はジャケットである。縦横三十二センチのLPジャケットは、海外からの輸入盤を見るとアート作品のようだった。ジャケットの良さでレコードに刻みこまれた音のよさが見えるなどといって、「ジャケ買い」が流行った時代でもあった。

浅川マキの取材で知りあった講談社の写真部にいた田村仁が、プライベートでマキの写真を撮っていた。すべてモノクロだったが、歌手・浅川マキの女としての情念を角のないふくらみで写し撮っていると思った。彼が撮った銀巴里の階段の写真を『浅川マキの世界』のジャケットの表紙にした。

これ以降、浅川マキのアルバム・ジャケットはすべて田村仁（通称タムジン）でやることになる。ジャケット写真ばかりでなく、広告宣伝に使うアーティスト写真も田村仁が撮った。それもイメージの氾濫を怖れ、これぞという写真を、田村の目白の自宅の暗室で立ち会ってふたりで決め込んだ。新聞や雑誌の取材で行くときもその写真を使ってもらった。取材担当カメラマンが撮るときには、マネージャーに田村の写真を見せたりさせた。浅川マキは、田村仁の写真で自分を見つけていくようになる。

一九七〇年九月五日。浅川マキファーストアルバム『浅川マキの世界』は、東芝エクスプレス・レーベルから全国発売された。

特別ヒット曲があるわけでなくテレビにも背をむけていたから、少なくとも浅川マキの歌を聴いたことのあるひとたちに届けばよいと考えていただけだったが、発売告知を出した七月上旬、問い合わせが相次ぎ六大都市にＦＭラジオが開局したこともあって、当初、見本盤を百枚にしていたのを二百五十枚に増やした。八月に入ると、音楽専門誌や週刊誌からの取材やラジオのゲスト出演依頼がくるようになった。

九月二十一日（月）、事実上の発売記念ライブとして、新宿厚生年金ホールで、浅川マキ、加藤登紀子、南正人「フォーク＆ブルースＮＩＧＨＴ」を仕込んでいたから、その前宣伝にもなった。

初回のイニシャル（製造枚数）三万がつき、浅川マキのアルバムを渇望していた学生たちがアルバイトで稼いだ金をつぎ込んだのか、ほんのひと月の間に東京圏を中心に二万枚近くが消化された。

アルバム『浅川マキの世界』をリリースして、年末年始に勝負するふたつのイベントを組んでいた。

ひとつは、三十一日大晦日にやる「浅川マキ in アートシアター新宿文化」である。地下にある蠍座の浅川マキ公演は何度もやっていたが、地上にあがって映画館・アートシアター新宿文化でやるのが夢だった。支配人の葛井欣士郎をくどいて、やっと実現した公演だった。蠍座同様、映画の最終回が終わってのライブだから夜十時半開演。

九時半に映画が終わってスクリーンを傷つけないように、三十分でバンドと音響照明のセットをしなければならない。蠍座公演で慣れているとはいえ、まったくのぶっつけ本番で客入れ

が十時半ぎりぎりになっていた。いつもだったら新宿からの最終電車が十二時五十分なので、遅くとも十二時半には終わらせなければならない。だが大晦日は終夜、電車が動いている。

四百席ほどのキャパだったが、開演前から長蛇の列。廊下まで客があふれドアも閉まらない。浅川マキは四十曲ちかくうたいきった。アンコール、アンコールの声に、また舞台に出ようとするマキに、「もう、いいだろう」と押しとどめた時には四時を回っていた。後で受付をやってくれた女性スタッフに聞いたら、何人もの客が「夜が明けたら」をうたいながら花園神社に初詣でに行ったという。

この後浅川マキは、毎年、大晦日だけでなく「始発まで」というオールナイト公演を、新宿文化や池袋東映、池袋文芸坐でもやるようになる。

もうひとつは、翌年の七一年一月二十一日に新宿厚生年金ホールでやった、「岡林信康・はっぴいえんど＋浅川マキ＋黒田征太郎＋αジョイント・コンサート」である。これらのアーティストたちと共演させることによって、ジャンル関係なく、ここで浅川マキをひとりの表現者として時代の舞台に立たせた気がする。

「蠍座」三夜連続公演で録音した「夜が明けたら」と「かもめ」が、翌年の六九年七月にシングル・レコードとして東芝エクスプレス・レーベルからリリースされたとき、寺本幸司は音楽プロデューサーとなった。

しかし、そのころ日本の音楽業界にはプロデューサーという明確なポジションはなかった。各レコード会社の制作部にディレクターはいたが、個としてのプロデューサーはいない。演歌・歌謡曲中心の日本はシングル盤（ＥＰ）ばかりでアルバム（ＬＰ）制作という概念がなかったからだろう。レコード店のアルバム・サイズの「巣箱」にあるのは、欧米のクラシックやジャズ、フォーク、ロック、シャンソンばかりだった。

だから、一九七〇年九月の浅川マキのファースト・アルバム『浅川マキの世界』に構成演出・寺沢圭とクレジットがあるのを見ると、ここが事実上のプロデューサー・デビューだったという思いになる。

プロデューサーとは何かということでは、記憶にしみついたことがある。

スポーツニッポン新聞の文化部記者、小西良太郎に出逢ったのはアビオン・レコードを辞めてから半年も経っていないころのことだった。当時は週刊誌全盛の時代だったが、スポーツ紙もウナギ登りに部数を伸ばしていた。とくに、文化芸能面が出来てから日替わり週刊誌の様相を呈して報知、日刊、スポニチ、中日、サンケイが特ダネを競いあって眼が離せない。レコード大賞が紅白に迫るほどのレーティングを上げる時代で、スター記者はレコード大賞の審査委員も兼ねていた。報知の伊藤強、日刊の藤中治、中日の森田潤、スポニチの小西、サンスポの神山らはスター記者だった。なかでも小西良太郎は時代を見抜く眼を持ち、ものづくりの喜びを知っている人だった。スター記者だったが癒着を嫌い、どこかに傾くということがなかった。

小澤音楽事務所の小澤惇が小西を慕っていて、新聞記者の顔をすてて事務所の相談役みたいな格好で付きあってくれていた。その小西と話をするようになったのは、おけいさん（松村慶子）が中村泰士と組んでディレクションした佐川満男のカムバック作品「今は幸せかい」が出たころだった。意気投合して夜な夜な呑む間柄《あいだがら》になった。小西さんから流行歌《はやりうた》というものばかりじゃなく、新聞というメディアとジャーナリズムというものも教えられた。

「今は幸せかい」は百万枚の大ヒットになったが、その佐川満男が作詞作曲の中村泰士と酒場居酒屋で流しのキャンペーンをやることになったとき、小西さんが「佐川な、おまえは元スターだったから意識しなくともスター態度が身についてしまっている。客に椅子を勧められても、必ず椅子の三分の一に坐るんだぞ」と、忠告した場面とコトバがいまも記憶に残っている。この人からプロデューサーとは？ということも教わった気がする。

一九七〇年代へ

一九七〇年、大阪万博が国内外から六千万もの人を集めGDP（国内総生産）の伸び率九％を達成し、アメリカに次ぐ世界第二位の経済大国になったニッポン。「もはや、戦後は終った」と浮かれた声を出す者たち。だがそのひずみが経済格差を生み、資本家と労働組合の軋轢《あつれき》が新聞に載らない日はなかった。七〇年安保がなんなく批准され学生運動も沈静化したかに見えたが、先鋭化した赤軍派が日航機よど号をハイジャックして北朝鮮に飛んだ。新宿は漂流難民化した若者たちであふれた。

だが時代の表現者たちは闘っていた。映画では大島渚、若松孝二。演劇は寺山修司、唐十郎、黒テントの佐藤信ら。舞踏は土方巽、大駱駝艦、北方舞踏。美術は池田龍雄、中村宏らの表現作品が、既成概念をぶち壊す勢いで地下から湧き出すごとく現われた。

音楽も関西から、岡林信康、高石ともや、五つの赤い風船。京都フォーク・コミュニティからもどって来た高田渡や中川五郎、遠藤賢司、加川良と小室等率いる六文銭、はっぴいえんど、南正人らが自分たちのコトバで時代の影と闇をえぐりだすようにうたっていた。

七一年五月の日比谷野音「ウッドスモッグ」や八月の第三回「全日本中津川フォークジャンボリー」など、いくつも野外イベントに浅川マキを参加させることになる。こうした時代感覚を前面に出したライブ・イベントは週刊誌や新聞、音楽専門誌、タウン紙などの話題コーナーで取り上げられ、ラジオで特番が組まれたりした。

レコードは発売から三カ月が勝負といわれるなか、アルバム『浅川マキの世界』は、毎月三百近いバック・オーダーが決まりのように入ってくる。結果、『浅川マキの世界』は、五年間で二十万枚を売り上げるのだが、このころから東芝のセールスマンに、「ロンセ（ロングセールス）の女王」と呼ばれるようになった。

二枚目のアルバム制作に入った。スタジオ録音でアレンジは山木幸三郎。九月発売と決めていたから六月いっぱいであげなければならない。

寺山修司は、「眠るのがこわい」（曲・下田逸郎）、「私が娼婦になったら」（曲・山木幸三郎）、「花いちもんめ」（曲・山木幸三郎）の三曲。浅川マキが日本語詞をつけた「ジンハウス・ブルース」や「朝日のあたる家（朝日楼）」とジュン&ケイ企画室の作詞作曲セミナーに出入りしていた喜多條忠作詞で「雪の海」（曲・浅川マキ）などをメニューに入れたが、まだ曲が足りない。

見えた曲はレコーディングしはじめていたが、五月末になって浅川マキが、「昨日の晩、出来たの」と「少年」という曲を持ってきた。しびれた。

「夕暮れの風が　ほほを撫でる／いつもの店に　行くのさ／仲のいい友だちも　少しは出来て／そう捨てたもんじゃない」で、はじまるこの歌には、少年のあてどない孤独とささやかな夢が水彩画のように描かれていた。「マキ、これはアルバムの柱になる曲だよ」といった。

それと、「朝日のあたる家」は、もともと読み人知らずのトラディショナル・ソングだったので、ストリート・ミュージシャンがやるように街でライブ・レコーディングすることにした。それも花園神社の境内で。ところがブルース生ギターがいない。スポーツニッポン新聞の独占取材もあるし出来上がったスタジオ・ミュージシャンじゃ面白くない。あたまを抱えていると き、マキが「当てがあるの」と連れて来たのが萩原信義だった。

いい出来栄えの萩原にギャラを払うとき聞いた話だと、三日前、中野のTBS公開スタジオでやった番組「ヤングタウン・トーキョー」にマキがやってきて、「相棒の杉浦芳博とふたり六月十五日午後三時、ギターを持って花園神社に来てほしい」といわれたという。

その日から萩原信義は、まる七年も浅川マキの片腕みたいなギタリストになる。


七一年九月二十一日。『MAKI Ⅱ』が発売された。この一年いろんな場所いろんな場面でうたってきたたせいか、客層も広がって二カ月ほどで二万枚ちかくがレコード店頭ではけた。一枚目の『浅川マキの世界』もバックオーダー月三百枚が倍近く跳ね上がった。

その要因のひとつはコンサート展開にある。浅川マキのデビュー時からファン以上の付き合いをしてきた学生たちと組んで札幌、仙台、新潟、金沢、名古屋、京都、熊本、福岡、広島など各地に「浅川マキを聴く会」という任意組織を作った。各地の公民館や教会、喫茶店などを舞台に、浅川マキの歌と萩原信義のギター。地方公演は俗にいう「あごあしまくら」がかかる。「浅川マキを聴く会」の学生たちに儲けなどないが、地元のラジオ局の後押しと彼らの情熱で、赤字を出さずに年に二度は各地の「浅川マキを聴く会」から呼ばれた。

東京では、九月の厚生年金ホールのレコード発売記念ライブをはじめ、神田共立講堂など千人規模のコンサートをやるようになったが、桜美林、青学、都立大、早稲田、一ツ橋など学園祭の舞台に立つことも多くなった。

浅川マキは小澤音楽事務所が仕込むキャバレーやナイトクラブでうたう仕事はほとんどできなくなった。また、マキの現場は照明の関根由起子がすべて仕切ってくれていたから、事務所のマネージャーはやることがない。むろん、受けた仕事は小澤事務所を通すが、ほとんどジュン&ケイ企画室の寺本が浅川マキを預かる格好になっていた。が、こちらも浅川マキだけやっているわけにはいかない。いくつかのプロジェクトを抱えていることもあって、マキと信頼関係の厚い関根由起子にまかせることになる。

そんなさなか、浅川マキと寺本幸司と関根由起子のトライアングル・チームが試される最大の場面を迎えることになる。

その年の暮三十日、三十一日の二日間の「浅川マキ in 紀伊国屋ホール」二夜連続公演。それをライブ録音してレコード化することを決めていた。

蠍座デビュー公演のときから、ライブ録音という臨場感の中で自己表現する浅川マキの凄さを見ていたから、このコンサートとライブ・アルバムが歌手・浅川マキとプロデューサー・寺本幸司の頂点に立つ仕事だという予感はふたりとも持っていた。

それは浅川マキが繭の殻を破って成虫になったといえば格好がいいが、寺山修司と寺本幸司が作った「浅川マキ」との決別をも意味していたし、浅川マキというセルフ・プロデューサーが生まれる場面でもあった。

『ＭＡＫＩ Ⅱ』の「少年」あたりから、浅川マキはソングライターとして自己表現する手段を見つけて、このコンサートのときも「少年」はもちろん「別れ」とか「さかみち」とか、後の時代に残る名曲を書いている。

また、プロデューサーとしては、浅川マキ自ら頼んで書いてもらった北山修の「赤い橋」（曲・山木幸三郎）とか、マンガ家の真崎守の「死春記」（曲・浅川マキ）とか、自分の書いたコトバにかまやつひろしが曲をつけた「にぎわい」などが、このコンサートでうたわれアルバムにも入っている。寺山は、「かもめ」は別にして「ピアニストを撃て」（曲・山木幸三郎）一曲だけ。

バックメンバーは、蠍座公演からずっとマキのバックをやってきたピアノ・今田勝、ニューハード・オーケストラの稲葉国光（ベース）、市原宏祐（フルート、サックス）。それにつのだひろ（ドラム）、萩原信義（ギター）、杉浦芳博（ギター）。さまざまな場面をマキとくぐり抜けてきたベスト・メンバーである。

また、このライブをレコーディングするにあたり、録音エンジニアにマキが最も信頼する若き吉野金次を渋谷ディレクターが採用してくれたのも大きい。浅川マキがすべてを出し切る場面は整えられた。

初日、マキと練りに練った曲構成で通しリハが始まった。関根由起子の仕切りで照明はもちろんのこと音響も決まって順調に進んだかに見えたが、マキからバンドに「ここは一拍、間を空けて」とか細かい注文が出て、開演時間になっても終わりそうにない。全席自由なので七階の紀伊國屋ホールまでの階段には七百人近い客が並んでいる。

音響スペースで腕組みしていると、「どうしますか」と警備を兼ねたスタッフが心配顔で訊いてくる。そのときとつぜん舞台からマキが下手に消えた。

関根由起子がとんできて、「マキが前列スカートを履いた女の人を座らせないでくれ」といっていると告げた。浅川マキは強度の近視で二列目以降は単なる暗闇で何も見えないのだが、当時ミニスカートが流行っていたこともあって、「舞台明りで女の裸の脚が見えると歌に集中できない」と前からいっていた。だが階段上にいる客は、もう一時間も前から並んでいる。

「わかった」といって受付横の階段に行った。もう開演時間も過ぎているので、いらいらしている顔ばかり。あたまに開場が遅れていることを謝って、客の列にそって降りて行くと、前列三十人のなかに短いスカートを履いている女性がふたりいた。男性と連れだったたその二組のカップルに、浅川マキの「女性の裸の脚恐怖症」を説明するのは難しかったが、平身低頭してポスターをプレゼントすることを約束して、二列目に当たる客と代わってもらった。

そんなすったもんだがあったが二日ともコンサートは上々の出来で、二日目の楽屋の打ち上げ乾杯のあと、マキと初めてハグまでした。

年が明けて七二年一月三十日、神田共立講堂で、「吉田拓郎+浅川マキ・ジョイント・コンサート」をやった。

前年八月、騒乱事件のようになった「第三回全日本中津川フォークジャンボリー」に浅川マキと行ったとき、はじめて吉田拓郎を見た。サブ・ステージで「人間なんて　ララララ／人間なんて　ラララララ」とくり返す呪詛《じゅそ》のような歌を一時間以上もうたいつづけた吉田拓郎の、躰ごと聴衆のど真ん中にとび込んでいく圧倒的な存在感に、この男は時代を塗りかえる表現者だなと思った。浅川マキと帰りの車のなかで拓郎の話ばかりした。

その後、まだ学生だった後藤由多加が早稲田記念会堂でやった一万人コンサート「ラブラブ・

フォーク・フェスティバル」に吉田拓郎が出るというので、浅川マキも出してもらった。後藤が拓郎をマネージメントすることになって繋がりができた。

浅川マキが、拓郎のデビュー・シングル「今日までそして明日から」と読売新聞文化部の大沼正が書いたレコード評の切りぬきを持ってきた。

〝時にはだれかの力をかりて今日まで生きてみました〟なんてさっぱり分らない。若者のちょっぴりした感慨をのべただけじゃないか、という気がする。吉田はフォーク界では、かなり通っているらしいがこの歌に限り岡林や高石とはほど遠い。メロディもなく、歌にもなっていず、なによりフォークの持つ風刺やユーモアに欠けている。ボブ・ディラン近くは浅川マキを聞き直すべきだ。

とある。「誰がこれ持ってきたの?」と訊いたら、「うちによく来る学生。中津川にもいたらしいの」と答えた。浅川マキの取りまきのように集まってきている学生のひとりだった。取りまきなんていったら怒られそうだが、『MAKI II』に入れた「めくら花」の歌詞を書いた東大の藤原利一(のちの作家・藤原伊織)もそのひとりだった。浅川マキは、拓郎とジョイント・コンサートをやりたいという。

大沼のレコ評は的外れだと思ったが、吉田拓郎の光と浅川マキの闇をぶつけてみるのも面白いと考え、後藤由多加に話をした。はじめ拓郎も驚いたようだが、乗ってくれた。むろん超満員で、光と闇の対決も面白かったし話題にもなった。吉田拓郎とは、その年の十月にもジョイント・コンサートを神田共立講堂でやっている。

東芝スタジオで、紀伊國屋ライブの音をマキと関根由起子と聴きこんだ。狙いどおりの出来栄えで、あたかも紀伊國屋ホールにいるかのような臨場感だ。渋谷ディレクターに立ち会ってもらってアルバム収録楽曲を決め、「これは行けるぞ」と色めき立った。三月二十一日発売と決まり、タイトルは『MAKI　LIVE』。ジャケットは、田村仁が紀伊國屋ホールのステージにぽつんと置かれた浅川マキ愛用のシュアーのマイクを撮った写真にした。

このアルバムが勝負のつもりだったから、全国の東芝音工支社にマキと挨拶廻りをしたいぐらいだった。嫌がるマキと連れだって上野にあった東芝レコード営業所に行き、二十人ものセールスマンの前で、「よろしくお願いします」と挨拶させた。

また発売記念ライブとして二月十五日から三月五日まで、まるで演劇公演のように「浅川マキ in 蠍座」長期公演をやり、四月二日には神田共立講堂で「浅川マキ＋小沢昭一 ジョイント・コンサート」を仕込んだ。

ＬＰアルバム、それもライブ盤で七万枚のイニシャルがついた。さあ行くぞ、と勢い込んでいるときに事件は起きた。

小澤音楽事務所のマキ担当マネージャー藤井千穂が、「四月二十日、自衛隊千歳駐屯地のライブ・イベントに浅川マキをブッキングした」といってきた。

「バカな。マキを自衛隊でうたわすわけにはいかないよ。何で決める前に相談してくれないのよ」と大きな声をだしたら、「小澤社長が、東芝の営業部長と決めましたから」と後戻りできない顔で答えた。

詳しい経緯を聞くと、年に何度かある自衛隊の慰労音楽イベントのひとつで、小澤はちょうど隊員たちの給料日でもあるし、マキのレコードが売れると考えたようだ。それに東芝札幌支社も絡んでいるという。

その時期、小澤音楽事務所は菅原洋一が「今日でお別れ」でレコード大賞を取り、ロス・インディオスの「知りすぎたのね」とザ・キングトーンズの「グッド・ナイト・ベイビー」が大ヒットして芸能界屈指のプロダクションに成長していた。

浅川マキは、ジュン&ケイ企画室寺本幸司の預かりのような格好になっているが、給料とプロモーションなどの諸経費を出しているのは小澤音楽事務所である。キャバレーやナイトクラブの仕事は断るわテレビには出ないわで、小澤音楽事務所の現場の不満はつのっていた。

それを、ジュン&ケイの社長でもある小澤が押さえていることはよくわかっていた。東芝も絡んでいる以上この話は壊せない。腹をくくるしかない。しかし、自衛隊に金をもらってうたいに行ったと学生運動あがりのマキの周りの若い男たちが知ったら、何もかもぶち壊しになる。ただ、自衛隊員の来てほしい歌手のアンケートに浅川マキが上位にランクされているのは驚きだった。同時にそれが救いの光に見えて、自衛隊員の前で「夜が明けたら」や「赤い橋」「かもめ」をうたうマキの場面を想像したりした。

結果、どうなるにせよ行かせるしかないと決めて、同日の夜、札幌ＨＢＣ（北海道放送）の地下のスタジオで「浅川マキを聴く会」主催のライブをやるために萩原信義も押さえた。

小澤音楽事務所は、あらかじめマキがそのスケジュールを知ったら絶対行かないだろうと考え、出発する前日に、夜のライブの前の昼間、千歳自衛隊駐屯地で六曲うたうと伝えた。この話を聞いたマキが、「行け」「行かない」と小澤とやりあったあと、ジュン&ケイに来た。その時の場面を、浅川マキは、『幻の男たち』（講談社）に書いている。

「明後日、昼間なんだけど、千歳の自衛隊に行くと云うスケジュール、突然に今日になって聞かされたの、勿論、夜の公演は唄うけれど、自衛隊に、それもキャンペーンで行きたくないの」

すると、寺本さんはながいあいだ黙っていた。それから、声を抑えて何気ないように話し出す。

「もし、きみがそうしたいのなら、それでもいい、ただ、いまのきみは居なくなる、そう思うしかない、レコード会社も、音楽事務所も、きみとの関係はおわりになる。それは間違いない、どうするのか、それはきみが決めるのだから」

わたしは、ゆっくりと頭を上げると、寺本さんの目を覗く。男の目のなかを、こんなにも長いあいだ見たことがあったろうか。


翌日、浅川マキ一行は出発した。浅川マキと萩原信義、藤井千穂マネージャーとジュン&ケイから何かのときにと札幌生まれの平野誠を行かせた。千歳に東芝札幌支社の石田氏が出迎えてくれて会食になったが、浅川マキは出てきた料理に箸もつけない。石田氏が心配するほどだった。

その後ホテルに帰って、浅川マキは「どうしてもうたいたくない」、「うたえない」という。現場は混乱した。藤井マネージャーが電話で小澤に指示をあおいだら、「土壇場で穴を空けたら事務所の信用にもかかわるから仙台にいる菅原洋一をヘリコプターで行かせるぞ、といっておけ」とマキを脅している、と平野から報告がきた。マキの説得は不可と判断して、夜の「浅川マキを聴く会」の面倒をみてもらっているＨＢＣ（北海道放送）の新居一芳に、「診断書を何とかしてほしい」と頼みこんで、翌朝平野に取りに行かせた。自衛隊には挨拶には行かせたが、うたうことはなかった。

だが、その後小澤音楽事務所内では、寺本の処置が浅川マキの我がままを許したと問題になり、小澤惇に呼び出された。「事務所を辞めてもかまわない、という覚悟があってマキは意地を通したのだろうが、辞めさせるわけにはいかない」と一通の契約書を渡された。「これを?」「寺さんしか、マキにハンコ押させられる人はいないでしょう」という。「意地とか我がままなんて問題じゃない」と反論もしたかったが、その専属契約書なるものを受け取った。

この後のことも、マキは『幻の男たち』のなかで書いている。

それにしても、寺本さんは、したたかに酔っている。電話では感じさせなかった。わたしは引き返そうと席を立った。

「待ちなさいよ」

「なんだか、変だもの」

「ね、此処に座って」

「ひどく酔ってる」

「そう、僕は、酔ってるの」

彼は、辺りを憚ることもなくなっている。わたしは、はやくこの場を立ち去りたい気持を抑えるとまた寺本さんの前に腰を下ろした。すると彼は、捩れている一枚の紙をテーブルの上に置くと、手のひらで何度も伸ばす仕草をしながら言った。

「なんにも言わずに、きみの認印を下さい」

「それは、なんなの」

わたしは一枚の紙を覗く気持にもなれない。

「契約書、それもきみのね」

「そんなもの、これまでに無かったじゃない」

「今度、新しく出来たの」

「契約書なんて無くったって、いるときはいる、いなくなるときは、いなくなる」

「一年だけさ、必ず僕が自由にする、それは保証するんだから」

「わたしのレコードを作ったり、やっぱり費用の方が多いのかしら、それに、小沢さんには、感謝してる、だから、その事なら考えてもいいけれども、それにしても契約書は、嫌いだわ」

「きみが、そう言うだろうと、僕がこうしてやって来たんじゃないの」

彼はそう言うと、ときどき小さくからだを揺らしている。

この分じゃ、わたしは契約書に認印を押すことになるのだろう。だけど、そんな、事はどっちでもいいのだ。いまわたしがほんとうに思うのは、

「あなたは、酔わずには、来れなかった」

結局、浅川マキは契約書に認印をせず、三カ月後、関根由起子と「せなまる舎」という個人事務所を作って小澤音楽事務所を離れることになる。

浅川マキの紀伊國屋コンサート録音盤『MAKI LIVE』を世に出すことは、プロデューサーとしての勝負どころであったが、同時期、それに匹敵するほどの勝負作品を抱えていた。

新宿東口噴水前でギターを抱えてうたっていた「りりィ」という二十歳の女性歌手のデビュー・アルバム『たまねぎ』を五月五日、東芝エクスプレス・レーベルから発売したのだ。新人歌手がアルバム・デビューするなんて考えられない時代にイニシャル五万枚のスタートとあって、まさに勝負の場面だった。

『MAKI LIVE』は予想通り好調な出足の滑り出しだったが、りりィに費やす時間が多くなり、これという自主コンサートやイベントには顔を出したものの、ほとんど現場は関根由起子まかせになっていた。浅川マキとの密な時間も減っていた。

密でなくなった理由のひとつは、『ＭＡＫＩ ＬＩＶＥ』を世に出して、マキは完全に自分をプロデュースするすべをマスターしたからだ。進む道も見えているので、このあたりから全体を見るアドバイザーのような立場になった。それでも、「浅川マキを聴く会」をもじって「りりィを聴く会」と題しマスコミを集めてミニ・ライブをやったときには、冷静なマキがめずらしく嫉妬深い声で、「寺本さんの節操のなさにはうんざりする」と電話をかけてきた。

だが、アルバム制作については、あいかわらず意見を戦わせ、商品としても作品としても純度の高いものを作ったと思う。そのあと、『Blue Sprit Blues』（七二年十二月）、『裏窓』（七三年十一月）、『ＭＡＫＩ Ⅳ』（七四年十二月）とプロデュースし、七枚目の『灯ともし頃』で、プロデューサーとしての位置を離れる。だが、マキが遺した残りの二十一枚のアルバムには名前こそないが、いつも「こんなアルバムを作りたい」と話をすることから始まり、最後に出来上がったばかりの湯気の立つような音をふたりで聴きこむのが常だった。

最後のわたしのプロデュース作品になる、浅川マキが常打ち小屋として公演していた西荻窪のライブハウス「アケタの店」を二週間借り切って録音したアルバム『灯ともし頃』には、その頃のライブ・メンバー、萩原信義（ギター）、白井幹夫（ピアノ）、吉田建（ベース）、つのだひろ（ドラム）に加え、向井滋春（トロンボーン）、近藤等則（トランペット）、坂本龍一（オルガン）に参加してもらった。

第二章　歌は時代に色をぬる

下田逸郎と『遺言歌』

　一九六八年一月、アビオン・レコードをやめておけいさん（松村慶子）と「音楽出版ジュン&ケイ」に移ってから、あたりの風景がすべて別のもののように見えてきた。意識はしていなかったが、このころから音楽プロデューサーの視線を持つようになった気がする。

　まず、渋谷猿楽町にあった浜口庫之助音楽事務所に通うようになったころ、ハマクラ・ミュージック・カレッジの作曲グループにいた下田逸郎に目がとまった。細長い躰にとんがった眼をした妙に気になる男だった。カレッジには、のちビリー・バンバンになった菅原進、孝兄弟などもいたが、ハマクラさんの助手として譜面書きなどを手伝っている下田と口をきくようになった。

「いくつ？」

「十九です。もうすぐ二十《はたち》ですが」

「大学は？」

「興味がなかったので、受験の列には並びませんでした」

　よく知らない相手には、無駄なことは何ひとついいたくないという硬い表情にそそられたので、さらに「何で、ここに来たの？」とたずねると、

「音楽をちゃんとやりたいと思って、願書を出したんです」

下田は面接のとき浜口庫之助の前で高校時代に作った歌を二曲うたった。一曲目は停学騒ぎにまで発展した「学校教室　机の足枷／五十人の生徒　生きているミイラ／校長　教師　バカな月給取り」。二曲目は「涙なんてこぼさなくても君は僕のもの／涙なんてこぼさなくても僕は君のもの」から始まり最後に「永遠に君を愛す」で終わるラブソングだった。浜口は、膝を打つ表情で「君は才能がある」と即入学を許可したという。その話を聞いたときから、下田逸郎と濃い付きあいが始まった気がする。

浅川マキが出た天井桟敷『新宿版・千夜一夜物語』公演の稽古か何かでバタバタしていたちょうどそのころ、国際ジャーナリスト大森実が主宰した東京―サンフランシスコ間を大型船で往復する洋上セミナー「太平洋大学」に講師・浜口庫之助の助手として、下田が乗り込むことになった。

竹芝桟橋に駆けつけた。だが、桟橋にたどり着いたときには乗船が終わって船上からテープが見送りの大群衆に投げられ船が動き出すところだった。下田を探した。船の上では、四百人近い人が手を振っている。だんだん、船が岸を離れて行く。人の顔が米粒くらいにしか見えない。そのとき、一番上のマストのところに、ひとり腕ぐみをして立っている下田が見えた。群衆の声にかき消され届くはずもないのに、おもわず、「シモダぁ〜、シモダぁ〜」と大声を出していた。

天井桟敷に関わるようになっていちばん強く繋がりあったのが、若き演出家・東由多加《ひがしゆたか》だった。寺山修司に思ったことをズケズケという東が好きだった。第三回公演『毛皮のマリー』で横尾忠則と東由多加とが大喧嘩になったときも、東の肩を持った記憶がある。その東が立ち上げたミュージカル劇団「東京キッドブラザース」の第一回公演を渋谷の小劇場「ヘアー」でやったとき、下田を連れて行って東に引きあわせた。東は下田の三つ上の二十四。劇団員を引き連れて高みを目指す直情的な東と、つるむことを拒み個の道を模索する下田とは性格的には真逆な部分もあったが、表現したいものは重なりあうと思っていた。

下田は、「東京キッドブラザース」の音楽にかかわるようになり、東との信頼関係が深まった。で、ハマクラ・ミュージック・カレッジでリズムを担当していた斎藤ノブと下田を組ませた「シモンサイ」というバンドをつくり、一九六九年五月、「モーニング・サービス」（詞・東由多加、曲・下田逸郎）と「霧が深いよ」（詞曲・下田逸郎）のカップリング・シングル・レコードをフィリップスから出した。浅川マキ「夜が明けたら」のデビュー・シングル発売が同年の七月だから、順番としてはこのシングルが、音楽プロデューサーとしての第一作目の作品になる。

一九七〇年二月、「東京キッドブラザース」は、和製ミュージカル『黄金バット』（作演出・

東由多加、音楽監督・下田逸郎）を持ってニューヨークに渡り、オフオフ・ブロードウェイ小劇場「ラ・ママ」で旗揚げ公演をする。

前衛演劇の盛んなニューヨークで瞬《また》く間に評判を取って、キャパ七十の「ラ・ママ」は連日ソウルド・アウト。一カ月後には、キャパ三百のオフ・ブロードウェイ「シェリダン・スクエア・プレイハウス」に移り、ニューヨーク中の演劇やエンタテインメント雑誌に取り上げられた。ビートルズがこの番組に出たことで全米制覇に繋がった、といわれる「エド・サリバン・ショー」にまで出演し、十カ月間の記録的なロングラン公演となった。

その年の九月。ジュン＆ケイの社長・小澤惇とふたり、海外視察と称す目的でペルー、チリ、アルゼンチン、ブラジルと回ってリオからニューヨークに入った。

『ゴールデン・バット』を観に行った。客はほとんどが白人で、黒人と東洋人が少々、劇場に着いた時には客席は埋まっていた。すでにアメリカの役者も入っていて、セリフは日本語混じりの英語だったが、歌はほぼ日本語。東のコトバと下田メロディの名曲「花・雪・風」をクライマックス場面で役者たちがうたい上げると、暗闇から沸き立つように「はなあ、ゆきい、かぜえ」とうたい出す客席の声に鳥肌が立った。

七〇年十一月二十五日、陸上自衛隊市ヶ谷駐屯地で三島由紀夫「楯の会」の総監室占拠、割腹事件が起きた。楯の会隊長・三島由紀夫は隊員五名を引き連れ益田兼利総監を捕縛監禁し、バルコニー前に自衛隊員千名を集め、「静かにせい。男一匹が命をかけて諸君に訴えているんだ。それがだ、今、日本人がだ、立ち上がらねば、自衛隊が立ち上がらなきゃ、憲法改正ってものはないんだよ……。自衛隊が立ち上がる日を、四年間、待ったんだ」と二十分にわたる檄《げき》を飛ばしたあと総監室に戻って、腹を左から右に真一文字に切り、副将・森田必勝が介錯した。続いて森田も腹を切り、古賀浩靖が介錯し首を落とした。

日本中が呆然とした。その日の真夜中、ニューヨークの下田から電話がかかって来た。切羽詰まった声で電話を掛け直してくれという。掛け直すと、東由多加が出て、「三島が切腹したって本当か」と叫びながら、「森田必勝も腹を切ったのか。三島を介錯したのは森田なのか。森田の首を落としたのは誰なんだ」と矢継ぎ早に訊いてくる。切腹の状況などはひと月も経ってわかったことだから、答えようがない。

三島由紀夫が監督主演した映画『憂国』を観た夜、三島の葉隠精神の是か非かを東と激論したことを思い起こしながら、「今は、三島が市ヶ谷の自衛隊で、肉声で檄を飛ばし総監室で自死したことしかわかっていない」と答えた。下田が代わって、「今、日本は、どうなっているのか」と叫ぶ電話の向こうでは、「ミシマぁ〜、ミシマぁ〜」と泣く女たちの声が聞こえる。「佐藤（総理）と中曽根（防衛庁長官）が、三島を狂人扱いにした号外がばらまかれているだけだ」

といったら、耳をそばだてているのか、また、電話の向こうの泣き声が大きくなった。

シェリダン・スクエア・プレイハウスの『ゴールデン・バット』公演は、一カ月あまりの契約を残していたが、「三島が切腹して、こんなことやっていられるか」と十日あまりで上演中止となり、東京キッドブラザースは帰国した。


日本に帰って来た下田逸郎は東京キッドブラザースから離れ、東由多加とも距離をおくようになった。どこか、そのころの日本にも日本人にも馴染めないものがあるように見えた。

翌一九七一年春、下田から話があるというのでふたりで酒を呑んだ。アルバムを作りたいという。曲も何曲か仕上がっている。いつも下田は曲の題名から入る男だから、「タイトルは？」と訊くと、タイトルは、「遺言歌」でサブタイトルは「誰にも知られずに消えるしかないさ」という。「二十三歳の遺言歌か」。売れるとは思わなかったが、『ゴールデン・バット』凱旋の余韻もあったし、フィリップスの本城氏を巻き込んで制作することにした。

そのアルバムの中で一曲、デビュー前の十九歳のりりィが、「レーニア」という名でうたっている。

ひとりひとりの心のかわき　雲の流れにたくした想い

愛したことのかなしいかたみ　いつもなんにもかわりはしない
恋がおわって若くもなくて　夢からさめて
ロング・ヘアーがなんになる　魂の墓場はどこにある

この一番で始まる「ひとりひとり」が、東由多加と下田逸郎が作った最後の歌になった。

下田逸郎は、『遺言歌・誰にも知られずに消えるしかないさ』がリリースされて間もなく、ひとりニューヨークに旅立った。

やがて、ニューヨークから分厚い下田の手紙が届いた。長い近況報告のあとに、いま作っている楽曲の著作権をジュン&ケイに預けるので百ドル、アドバンスして欲しいとある。そんな手紙が何度も来た。

一九七三年、白人女性歌手ヴィッキー・スーと黒人男性歌手アレックスを連れて、下田逸郎は日本に帰って来た。立ち上げたばかりのキティ・レコードの多賀英典プロデューサーを引き込んで『飛べない鳥、飛ばない鳥』というアルバムを作った。ニューヨークで繋がりのあった服飾デザイナー山本寛斎も大いに協力してくれて、話題のアルバムとなった。

それから下田は、日本に居つくようになる。七四年には、

恋の終わりは　いつも同じ　でも今度だけ違うのなにかが
まわる人生のステージで　踊るあなたの手　ふるえて綺麗ね
あなた愛して　気づいたことは　そうね　私もいつかは死んでゆくこと
涙ながすことないのね　踊り疲れたら　いつかは帰るわ

で始まる「踊り子」がエピックＳＯＮＹ・レコードから発売され、二十万枚のヒットになったころから、下田逸郎はラブ・ソングの名手と呼ばれるようになり、シンガー・ソングライターとして数々の名曲を世に送り出していった。

南正人と『回帰線』

南正人と出会ったのは、一九六八年、新宿駅西口広場の反戦フォークゲリラ騒動が起きる少し前だったと思う。場所は、その一年ほど前、私を頼って名古屋から上京して来た作家志望の成田ヒロシ（宙路之）が働いているＢＡＲ「汽車倶楽部」だった。

表参道のビルの地下にあった「汽車倶楽部」は面白い店だった。何でも朝日新聞の金持ち記者がやっている店で客はいつもまばらだったが、ときおり変な出しものがあった。演劇人と思われる黒服三人組がオリジナル数え歌など、ハモってうたっていた。いまでも覚えている箇所がある。

「三つとせ、岬は突き出た陸地です。突き出た海は入江です」「五つとせ、今は昔の続きだが、昔は今の続きじゃない」とか「六つとせ、ムカデのカラダは足だらけ、ムカデの靴屋はおおもうけ」なんて実にアバンギャルドで面白かった。

「てらに聴いてもらいたい男がいる」と成田から電話が来て、「汽車倶楽部」に向かった。洗いざらしのジーンズを履いた長髪黒メガネの南正人が、ギターを弾きながらうたっていた。「ひなげしの歌」や平岡精二の「爪」とかシャンソンぽい歌をいい感じの深いブルース声でうたっている。「面白いなあ」と思っていると、「自分がつくった歌です」と、

こんなに遠くまで　また来てしまった　やさしく包んで　ほしいけど　その影もない
こんなに遠くまで　また来てしまった　やさしく包んで　みたいけど　その影もない
淋しさが　淋しさが　通りすぎて　ゆくだけ　淋しさが　淋しさが　通りすぎて　ゆくだけ

から始まる歌にしびれた。愛を失った男の遠くを見つめる眼差しがいい。こんな歌は聴いたことがない。

この男のレコードをつくりたいと思った。だが、オリジナルは、この「こんなに遠くまで」と「ジャンは恥ずべき呪いの子」からはじまる「ジャン」の二曲しかない。この年の十二月、寺山修司と組んで、浅川マキを世に出す「蠍座」三日間公演をやるのだが、その公演自体を録音してアルバムにしたいとこだわったくらいだから、このときすでに、南のデビューはアルバムだと決めつけていたのだろうか。音楽プロデューサーの実績など一つもないのに、「あと十曲出来たら、おまえのレコードをつくりたい」といったらしい。

南は高田渡、遠藤賢司、中川五郎らの「アゴラ」という反戦フォーク・グループに参加していたので、話は反戦だの革命だのからはじまり、その後、東京外語大スペイン語学科在学中、休学して二年間メキシコ、アメリカ、ヨーロッパと渡り歩いた体験におよんだ。

南はまず、大学の先輩を頼ってメキシコに入った。片道キップの旅だからすぐ持ち金など底をつく。日本語教師、空手指南、ホームキーパー、皿洗い、配管工からビル掃除と何でもやった。八カ月もの長逗留で忘れられない出来事はたくさんあった。

「記憶に残る場面を一つ上げろ」というと、南は仕事先で知りあったホンジュラスから来た留学生たちの部屋で聴いたフィデル・カストロの演説をあげた。

聴き取りにくい短波ラジオから、流れてくるカストロの声と「フィデル！」「フィデル！」と沸き立つ民衆の喝采に二人のホンジュラス留学生が耳をそばだて、ときおり涙ぐんでいた。ちょうどこの年（一九六五年）、ソビエト連邦とキューバが手を結んだ。それを批判したエルネスト・チェ・ゲバラは亡命同然にコンゴへ渡る。カストロの演説はそのときのものだ。国民の一致団結を強く訴えたこの演説は名演説といわれた。短波ラジオを切って留学生のひとりが、「今から十年前、亡命中のフィデルとチェがこのメキシコ・シティで出会わなかったらキューバ革命は起きたのだろうか」と声をひそめた顔が忘れられない。

そこまで話して南は、「だから、てら、日本に帰って来て、全学連がどうしたこうしたと、反戦革命騒ぎを起こしているけど、カストロの演説の向こうにいる民衆のいない日本の革命運動だなんて……。そりゃ反戦は反戦だからそういう集会のような場でうたうけど、反戦歌なんてうたってないよ」とうすく笑った。

　南正人は、メキシコからアリゾナに渡る。もともと南は高校時代からカントリーソングなどをうたっていたので、なけなしの金で買ったギターを旅の相棒として携えていた。

　日本人など見たこともないディレンという街のリカー・ショップで店番をしているとき、その主人が南の歌を聴いて勝手にカントリー・ミュージックの大会に応募した。思いがけず、その大会に出ることになった。英語の勉強にでもなればと始めたカントリー音楽である。はじめて人前でうたう。それもカントリーの本場である。うるさい客ばかりのはずだ。ハンク・ウイリアムスの「Your Cheatin'Heart」をうたった。思いもかけない熱い拍手をもらった。それが歌手・南正人の本当のデビュー場面だったのだと、話を聞きながら思った。

　南はその後、ロスアンゼルスに行き、ガーディナーに半年近く居住した。芝生の刈り入れや芝の養生の仕事で二千ドルを超える貯金をして、今度はニューヨークに行く。グリニッチ・ビレッジの公園で、ボブ・ディランのうたう「On the Road Again」が、黒人が枕にしているラジカセから流れ出るのを聴いて衝撃を受ける。自分が本当にうたいたい歌が見えた気がした。

　二カ月ほどニューヨークで暮らしたあとヨーロッパに渡り、ロンドンからデンマーク、スウェーデン、ドイツ、フランスと放浪の旅を続け、最終地スペインのマドリッドで金もなくなり、飯ごうの野菜くず入りスープで暮らすような日々を送った結果とうとう栄養失調で倒れ、未練を残したまま帰国の途につく。

帰国した南正人は、母親の強い希望もあって、東京外語大スペイン語学科に復学し卒業している。ただ、この二年の旅が、南に歌をうたっていく道に向かわせたのは間違いない。

成田ヒロシは、恵比寿の渋谷川近くの飯田荘という古いアパートに住んでいた。建て増しだらけの建物で外側のくの字になった階段を登って行くと、屋上のようなもの干し台に出る。その横の建て増し六畳が成田の部屋だった。そこに南正人が転がり込んで共同生活のような暮らしが始まった。

一九七一年七月に南のデビュー・アルバム『回帰線』を発表することになるのだが、十曲のうちのほとんどは成田が「路地裏の天守閣」とかいっている、このおんぼろアパートの屋上の六畳部屋で生まれた。中でも『回帰線』の柱になる「青い面影」と「海と男と女のブルース」は、この共同生活が始まってからすぐ出来た。成田の部屋で、出来立ての「海と男と女のブルース」を成田が机を叩いて南がギターをひいてうたってくれた場面は忘れがたい。

「ナリタ、おまえのコトバか?」「うん」「なかなかやるなあ、よく出来てるよ」「てら、横須賀発の夜汽車が走る、ってとこ格好いいよね」と南。「二つの乳房と五つの爪痕、って『青い面影』

のおまえの出だしのフレーズにも衝撃を受けたけどなあ」と盛り上がった。

ちょうど浅川マキの「夜が明けたら」を出したばかりでバタバタしていた時期だった。南正人は「渋谷ジャンジャン」をいつも満杯にするぐらいの実力をつけてきていたので、RCAレコードの榎本襄のところに話を持ち込んだ。それも、「アルバムでやりたい」と申し入れた。RCAにしたのはジュン&ケイのおけいさんがらみで出した藤圭子の「夢は夜ひらく」が大ヒットしていたからだ。だが東芝同様、新人歌手のデビューがアルバムだなんてとんでもない、という話になって、まず「ジャン」と「青い面影」のカップリングでシングル・レコードを出すことになった。

いつも南正人はギター一本でうたっている。シングル勝負だったら、と寺山とマキの「蠍座公演」で音楽監督もやってくれた「かもめ」の作曲家でもある山木幸三郎にアレンジしてもらうことにした。南正人を大きな舞台に立たせたいという気持ちだった。A面を「青い面影」にしたかったが暗くてダメだという意見が多く、物語性の強い「ジャン」にした。

一九六九年十月、リリース。それほど数は伸びなかったが、初回の五千枚はなんとか売り切ってわずかながらバック・オーダーも入った。ラジオでもよくかけられ、南正人の名前が一部のファン以外にも届くようになった。「渋谷ジャンジャン」で、「海と男と女のブルース」のリクエストがよく来る。四番の歌詞「男と別れた女の心に横須賀発の夜汽車が走る／女と別れた男の心にも横須賀発の夜汽車が走る／捨てても 捨てられても 風が吹く」が印象的なのか、「ヨコスカ・ブルース、お願いします」とリクエスト用紙に書いてあるという。

そんなこともあって、「アルバムまでもう一枚シングルがほしい」というので、「海と男と女のブルース」を「ヨコスカ・ブルース」とタイトルを変えて、「赤い花」(成田+南)のカップリングで七〇年四月、リリースした。だが、どう売れたかよりも「赤い花」の「少女の猫に針を飲ませます」という歌詞が問題になり放送禁止歌とされ、「ヨコスカ・ブルース」までもがラジオにかからなくなって困惑した印象しか残っていない。

七〇年の第二回「全日本中津川フォークジャンボリー」に、南を浅川マキと一緒に連れて行った。岡林信康のあとにうたうことになっていたのだが、岡林が終わると客がぞろぞろ移動していく。だが、うたいはじめた南の歌に引き込まれた何十人かの客が、その後も南正人の濃いファンになってくれた。

ようやく七一年七月、南正人のデビュー・アルバム『回帰線』を出すことになった。二枚のシングルを出して、南の歌にはオーケストラ・アレンジは似合わないとわかったので、レコーディングでもライブ感覚を大事にしたくて、日頃一緒にやっているミュージシャンを集めた。

ギターは石川鷹彦、安田裕美、ベースは細野晴臣、後藤次利、ドラム林立夫、ピアノ田中正子と曲に合わせて参加してもらい、「果てしない流れに咲く胸いっぱいの愛」では、「裸のラリーズ」の水谷孝（ギター）にも弾いてもらった。ミキサーは吉野金次。アレンジは南が中心となったバンド・メンバーみんなで決めて行くヘッド・アレンジ。リハで音を捕まえたら、本番はほとんど一発録《ど》りだった。

南が二年かけて作りうたい続けた歌たちが一枚のレコード・アルバムとして完成した。タイトルは、ヘンリー・ミラーの『南回帰線』からヒントを得て、『回帰線』とし、これもプロデューサーとしてのこだわりからサブタイトルに「南正人の世界」と入れた。

『回帰線』は満を持してリリースしただけに、音楽雑誌やスタートしたばかりの各地のFM放送で取り上げられ、初回五千枚はすぐはけてバック・オーダーが入った。

七一年の二万人規模にまで膨れ上がった第三回「全日本中津川フォークジャンボリー」のメインステージで、南は前年同様、岡林信康のあとにうたった。客は減るどころか増えていた。個人的ではあるが、前の年の雪辱をはたした気になった。

七三年、南が引っ越した八王子の山中の古民家に、吉野金次が録音機材を持ち込んで全曲録音したアルバムをベルウッド・レコードから出すことになった。浅川マキ同様、南もセルフ・

プロデューサーとして一人前になった気がしたので、タイトルは「南正人」だけでよかったかもしれないが、『南正人ファースト』とした。

その後、何枚かのアルバムをプロデュースしたが、『回帰線』のなかの曲は、忌野清志郎が「こんなに遠くまで」をカバーするなど多くのアーティストにうたわれ、泉谷しげるは「『回帰線』は今でも宝物」といってくれている。そのような不朽の名盤となったことが嬉しい。

杏真理子「さだめのように川は流れる」

杏《きょう》真理子に会ったのは一九七〇年の秋も深まったころで、札幌には雪虫が舞っていた。

浅川マキの歌の宣伝キャンペーンでたびたび札幌を訪れるようになって、「夜が明けたら」を押してくれていたHBCラジオのディレクター新居一芳と親しくなった。彼は別名・彩《さい》木《き》雅《まさ》夫《お》として、森進一「花と蝶」、内山田洋とクールファイブ「長崎は今日も雨だった」とか、いくつかのヒット曲を出している作曲家でもあった。

新居から「すすき野のディスコ・クラブでうたっているマリアというハーフの歌手がいるのだが、聴きに行ってみない?」と誘われた。いま札幌で人気の出はじめた女性シンガーというので、ときめくものがあった。

スタンディングだが七百人は入ろうかという大きなクラブで、ちょうどバンドチェンジでマリアのバンドが演奏を始めていた。二曲目でマリアが登場した。それまで思い思いの格好で踊っていた七百人が、いっせいにステージに向かって「マリア! マリア!」と合唱のように声をかける。いくらか赤味がかった髪を振り乱しハスキーがかったパンチのある声でうたうマリアの「ブルージーンと皮ジャンパー」と「ライト・マイ・ファイアー」にはトリ肌がたった。

すぐ東京に帰って、浅川マキの所属する小澤音楽事務所の社長・小澤惇に話にのってもらって再び札幌に飛んだ。

新居一芳立ちあいのもとすすき野の喫茶店で佐藤真理子（マリア）に会った。「東京に出て、歌手デビューしないか？」と声をかけたが、歌が好きなばかりに三沢市立理美容高等学校を中退して札幌に出て来てようやく手に入れたこの環境を捨てたくないと、かたくなな表情を崩さなかった。

その夜、また真理子のステージを見た。観客の「マリア！　マリア！」の声に紅潮しながらうたう二十歳とは思えない存在感に圧倒された。よく音楽業界では「色気《いろけ》がある」とか、「ハレがある」とかいうのだが、そんな生易しいものではなく真理子にはオーラというか、持って生まれた光のようなものを感じた。

あきらめきれずに翌日、同じ喫茶店で真理子に会って、「いま、手に入れたこの札幌でのサクセスは貴重なものだけれど、真理子は東京に出て勝負するだけの才能を持っている。それに小澤音楽事務所が二年契約で生活も保証するといっているんだ。このチャンスを逃す手はないと思うのだが」と、早口東京弁でまくし立てたものの、真理子は首を縦に振らなかった。

もう一泊してかきくどくつもりが、浅川マキの大晦日にやるアートシアター新宿文化の打ち合わせを葛井欣士郎と約束していたので、やむなく東京に帰って来た。まさに寝ても覚めてもだが、真理子のうたう姿と声が脳裏から離れない。

翌週、ふたたび札幌に飛んだ。夜、真理子を呼び出した。すすき野の彼女が行きつけの居酒屋で会うことになった。早めに着いて、たらば蟹かなんか奮発して芋焼酎のお湯割りで蟹をしゃぶっていると、真理子が若い男とふたり連れで現れた。

ちょっと意外な展開に鼻白む思いだったが、いま真理子の付きあっている硝子工場に勤める男だと紹介されて、さては真理子がこの男を使ってこちらを品定めにきたなと居ずまいを正した。

男は長身のわりには小さくまとまった表情で、それも小声で「マリアの一ファンにすぎませんが、マリアはいま札幌の宝ものなんで」といい出すので、「ちょっと待ってよ。人さらいじゃないんだから。ともかく三人して今夜は呑もうよ」と、身についた手練手管で場を散らかして、ほっけ焼きやウニ鍋を頼んだりして飲み食いし音楽の話をした。

後半、かなり呑んだのに真理子は少しの乱れもなかったが、硝子職人のボーイフレンドは真っ赤な顔をして、「おれは、マリアいや真理子、おれは寺本さんを信じる。おまえは、このチャンスを逃してはいけないよ」と宣言してくれた。

次の次の週にはジュン&ケイの共同経営者おけいさんと、札幌に飛んで真理子の歌を聴いてもらった。

そのおけいさんのお墨付きで、ジュン&ケイが制作した佐川満男「今は幸せかい」の大ヒットを出したコロムビア・レコードを巻き込むことになる。

七〇年大晦日から元旦までの「浅川マキinアートシアター新宿文化」公演が無事終わって死んだような寝正月から眼が覚めると、七一年一月二十一日に新宿厚生年金でやる「岡林信康＋はっぴいえんど＋浅川マキ＋黒田征太郎＋αジョイント・コンサート」の準備に入ったり真理子の曲の打ち合わせをしたりとバタバタだったが、十三日の朝、真理子を迎えに札幌へ飛んだ。HBCラジオやSTVラジオ、北海道新聞や北海タイムスへ挨拶まわりに行った。のちに、松山千春を世に出したSTVラジオの竹田健二ディレクターが、一階の喫茶ルームで真理子に「応援するから、がんばるんだよ」と、とかくライバル視されていたHBCとの壁を超えていってくれたのが印象に残っている。

翌十四日の午後の電車で東京に向かった。真理子は、米軍三沢キャンプの診療所で看護婦として働いていた母親と米軍将校の子として生まれたが、父親の顔は見たこともない。三沢の米軍基地から飛び立つ飛行機の爆音を聴いて育った真理子は、「だから、どうしても飛行機に乗りたくない」という。「そんなことといってたら全国を飛び回る仕事なんかできやしないよ」といってきかせたが、せめて旅立ちの時ぐらい我がままをきいてやろうと列車のチケットを取っておいたのだ。こちらも生まれて初めて青函連絡船に乗ってみたい思いはあった。

深夜に函館駅に着いた。青函連絡船の二等の切符は持っていたのだが席取りと乗船名簿の書き込みのために、真理子の荷物を肩に担ぎながら人をかき分けかき分け走った。

明け方、青森に着くらしい。ちょっとゆったり目の椅子にふたり並んで丸くなって眠った。何時ころだったか、ふと眼が覚めると真理子がいない。トイレかな、とも思ったがなかなか帰って来ないので探しに立った。

真理子は頬が凍りつくような寒風吹きすさぶ甲板にいた。「どうした、風邪ひくぞ」と声をかけたら、暗い海を見たまま、「今日、誕生日なんです」と風に吹き飛ばされそうな小さな声でいう。聞き返して、「そうか、真理子は成人の日生まれだったものな。青函連絡船の上で二十一歳になったわけだ。ともかく、おめでとう。ともかく中に入ろうよ。もう凍えそうだよ」といったら、「ともかく、ともかく」と笑いながら後についてきた。

その日の午後、まる十九時間かかって上野駅に着いた。成人式を迎えた晴れ着の女たちにまじって、小澤音楽事務所の花房健が迎えに来てくれていた。花房は日大藝術学部の後輩で、もっとも信頼しているマネージャーだった。

真理子を紹介し荷物を手渡して、真理子本人も花房に預けた思いだった。事務所が真理子のために借りてくれた三田のマンションに行くという二人と改札口を出たところで別れた。

佐藤真理子のデビュー作戦がはじまった。一週間後、小澤音楽事務所がマネージメントをしているホテル高輪トロピカル・ラウンジでお披露目ライブをやった。コロムビアの制作宣伝スタッフをはじめ、スポニチの小西良太郎、報知の伊藤強、日刊の藤中治、中日スポーツの森田潤など懇意にしている新聞記者たちにも来てもらった。真理子はひるむことなく圧倒的なパフォーマンスを見せてくれた。評判は上々だった。

コロムビアの泉ディレクターと話している時、名前のことで「マリアだけじゃ突拍子もないし、佐藤真理子じゃ平凡すぎるし」という話になって、真理子をつれて日本橋の字画を見る占い師のところへ行った。成功する字画ということで、「杏《きょう》真理子」という名前をもらった。帰りに子供のころから馴染みの水天宮に連れて行って、木札に「出世祈願・杏真理子」と書かせて奉納した。

真理子のデビュー作。作曲はもともとジャズミュージシャンだった彩木雅夫（新居一芳）で行くことに決めていたが、歌詞はジュン&ケイ企画室で北原ミレイの衝撃的なヒット曲「ざんげの値打もない」で芯を喰った仕事を一緒にさせてもらった、のぼり坂の作詞家・阿久悠に頼むことにした。

四月にシングル盤を出して、六月にアルバムをリリースすることに決まった。さっそく阿久悠と彩木雅夫のヒット・コンビで、「さだめのように川は流れる」という曲が上がってきた。

その日　その日の川は眠そうに
暗い　都会をうつして流れてた
さすらう　ふたり
ああ　さみしいこころが求め合い
ああ　誰でもいいよな恋だけど
その日　その日の川は今日からの
つらいさだめのように流れて行った
ああ　ホテルの窓辺に身を寄せて
ああ　ことばもとぎれて見つめたら
その日　その日の川はだるそうに
さだめ　さだめのように流れて行った

もしも、北原ミレイでヒットした阿久悠の「ざんげの値打もない」にかかわっていなかったら、あまりに救いようのないこの暗い歌コトバに異議を唱えていたかもしれない。

が、天井桟敷の立ち上げから付きあった寺山修司の「醜」を「美」に変える手腕も見てきたし、後年、阿久悠が「特異なものの方が普遍的なものより価値あるものだと思っていた。逆の云い方をするなら、誰にも親しまれる歌よりは、誰かを戦慄させるものの方が上だと信じていた」といっているように、時代の真ん中にクサビを打ち込むような思いで、「これで、行きましょう」と大きな声を出していた。

曲はブルース歌謡という仕上がりで、真ん中に暗い川の流れが見えるようだった。

杏真理子ははじめ戸惑っていたが、ＬＰアルバムの半分はアダモの曲で行くから、この歌を自分のものにしてうたいきってくれ、と焚きつけた。

コロムビアの編成会議でも好評で、嫌がる真理子を飛行機に乗せて全国の営業所へ挨拶まわりに行った効果もあって、初回発売枚数イニシャル五万がつき、宣伝会議でも三千万円の宣伝予算がたてられた。

四月二十五日、華々しく「さだめのように川は流れる」（Ｂ面「涙の空に虹が出る」）は発売された。

が、同じ日にワーナー・パイオニアから出た小柳ルミ子の「わたしの城下町」が発売一週目からオリコン一位に駆けあがり、社会現象とまでいわれる爆発的なヒットとなった。

「さだめのように川は流れる」は「NTV紅白歌のベストテン」の今月の歌推薦コーナーで小柳ルミ子を押さえて選ばれたりしたが、結局オリコン五十位にも届かず、国民的純情歌謡「わたしの城下町」に惨敗した。

七月にリリースしたLPアルバム『さだめのように川は流れる　愛するアダモに捧げる』も、デビューにつまずいたことが尾を引いて一万枚にも満たないセールスだった。

その後、杏真理子とのことは小澤音楽事務所の花房健に任せっぱなしになり、仕事の現場で会って二言三言コトバを交わすぐらいのかかわりしかできないまま月日が過ぎていた。当時、わたしは浅川マキに加えて桑名正博やりりィのデビュー時の仕事が重なり、寝る暇もないくらいのあわただしさだった。

一九七三年の夏、日曜だったと思う。めずらしく真理子から電話があった。「相談があるから」と恵比寿のサッポロビール工場の脇にあった「マカッサル・マンション」と名前だけは立派な独り暮らしのアパートにやって来た。

「営業の仕事でうたったりホテルのラウンジでうたったりしているのだけれど、このままでは先も見えないし、ちょうど小澤音楽事務所の契約も切れるのでアメリカに行きたい。一から歌の勉強もしてみたいし」という。

小澤音楽事務所の社長・小澤惇とも相談して、九月の末、真理子をアメリカに行かせることにした。小澤は、片道切符だが航空運賃と当座の生活費も退職金として出してくれるという。ピアニストとして浅川マキのバックもやってくれた設楽幸嗣プロデューサーがロスアンゼルスにいるので、身元引受人となってもらおうと、真理子のアメリカ行きを相談した。

設楽は快く引き受けてくれたが、ロスでは車がないと動きがとれないので免許証のない真理子にはサンフランシスコがよいだろう。それに真理子がうたって小遣い稼ぎになる日本人町のピアノ・バーも紹介できるだろう、とまでいってくれた。

真理子は、羽田からコウリャン・エアラインで旅立っていった。見送りには花房健とブレークしはじめた妹分のりりィがマネージャー役の篠崎伸之と駆けつけてくれた。手荷物検査エリアに入る前、何度も振り返りながら弾けるような笑顔で手を振る真理子の姿が、いまも眼に焼きついている。その笑顔が真理子との最後になった。

真理子がロスからサンフランシスコに入り、日本人街の中心にあるジャパン・センターのピアノ・バー「新宿」でうたいはじめたという情報は、設楽から入っていた。七四年一月、同じ小澤音楽事務所で真理子と仲良くしていた沢チエがサンフランシスコを訪ねている。

ジャズ&ポップス・シンガー「沢チエ」は六九年、大阪の「ベラミ」でうたっているところをスカウトした歌手で、浅川マキのプロモーションのつもりでやったテレビ番組『ドキュメンタリー青春・新人狩り』にも出ていた。その後、小澤音楽事務所に入った沢チエをプロデュースして、二枚のシングル盤を出していた。

事務所は、沢チエのウイットに富んだ喋りや仕草にタレント的な要素を見つけて、NTVの朝のワイド番組や音楽バラエティ番組『銀座NOW』にレギュラー出演させたため、タレントとしてそこそこの人気を得ていた。だが、歌を忘れたカナリア状態でかなり煮詰まっていたので、アメリカ旅行から帰ってきたら安井かずみ全曲書き下ろしの歌詞で、作曲陣は加瀬邦彦、東海林修、下田逸郎ら、サウンドプロデューサーに矢野誠をすえて『23才』というアルバムを作る準備をしているところだった。

帰って来た沢チエは真理子にはダグラスという恋人ができて、「二人が一緒に住んでいるアパートに泊めてもらったんだ。ダグラスはUCバークレーの建築学科の学生でね、とっても感じがよかったよ」という。設楽から聞いていない話なのでびっくりした。

サンフランシスコのジャパン・センターのまわりには、三軒のライブ・バーがあった。バンドがトップ40を演奏する「地獄」、ピアノ演奏の「新宿」と「とみ子」。カラオケのない時代、商社マンが接待で使ったり、地元の日系の会社で働くビジネスマンや歌好きの日系人が集まったりして、いずれの店も流行っていた。

真理子は、はじめ設楽の紹介で住み込みシステムの「新宿」でうたうようになったが、日本人ホステスも交えた女三人の暮らしはまるでタコ部屋で、「あんたは日本でどのくらい売れた歌手かしらないが、ここにきたら新人だからね」といじめに合う始末で、早く抜け出したかったらしい。そこへダグラスという恋人が出来たから、彼と部屋をシェアするつもりでダグラスのアパートへころがり込んだ。ワンルームの狭いアパートだが、「タコ部屋に比べたら天国だ」という。真理子は「ちゃんと部屋代半分払っているんだよ。ねえ、ダグラス」と甘えた声を出したそうだ。

沢チエが泊めてもらったときは、真理子は部屋を出ることになった「新宿」にいづらくなったのだろう、「とみ子」で歌っていた。

「とみ子」に行った沢チエは、「チップはお店と折半なんだけど、結構いいお金になるのよ」と真理子が客のリクエストで、「スキヤキ」や「ちょっと待ってください」をうたっているのを見て「何だか切なかった」といった。

この時期、浅川マキは山下洋輔トリオとのツアーのあと、もともと持っていたものだが、すっかりジャズのノリに傾いて、寺山修司と距離を置くようになっていたから、その間に入って右往左往している時でもあった。結局、その年一九七三年の秋に出したアルバム『裏窓』で、寺山修司と浅川マキは決別することになる。

帰国した沢チエはレコーディングに入った。曲も出そろい矢野誠のアレンジで、「はっぴいえんど」解散後、「ティン・パン・アレー」を結成していた細野晴臣（ベース）、鈴木茂（ギター）、林立夫（ドラムス）をメインにすえて、高中正義、水谷公生、直井隆雄ら派手なギター陣に加え、コーラスには、「シュガー・ベイブ」を結成したばかりの山下達郎、大貫妙子にも参加してもらったりして、「どこにもないポップス・アルバムを作ってみせるぞ」と気合が入っていた。

また七四年三月二十五日には、後述するりりィの「私は泣いています」が発売される時期でもあった。


そんな四月十一日の朝、花房健から「真理子が殺されたらしい」という電話が入った。「誰に、どこで」と畳みかけるが花房も詳しくはわからない。「どこで知ったんだ」と大きな声を出すと、「朝日の新聞記者の取材でわかった」という。「この時間だと夕刊だな。ともかく、そっちへ行くわ」と電話を切った。

真理子が殺された！　信じられない思いと突きつけられた現実に、電話の前に坐り込んだまま動けなかった。

小澤音楽事務所に行って、ロスの設楽に電話したが繋がらない。ダグラスの電話番号は知らない。ともかく朝日の夕刊を待つしかなかった。小澤惇は大阪にいて、寺本の指示で動くようにとスタッフに伝言があった。四時に夕刊が来た。

社会面三分の一ぐらいの大きな記事で、頭に、「日本人歌手、惨殺　サンフランシスコ　アパートで発見」と見出しの大文字。

サンフランシスコ日本人町のピアノ・バー（略）「とみ子」で歌謡曲歌手としてアルバイトしていた佐藤真理子さん（二五）＝混血女性、東京都目黒区三田、三田コーポ五〇二号佐藤方＝が九日夜無断欠勤したので、友だちが心配して捜し回っていたが、同夜十一時ごろ、市警察に日本町のアパートで日本人女性が殺害されているとの通報があり、係官が現場に急行、佐藤さんの遺体を発見した。

市警によると、佐藤さんはピストルで腹部に二発、頭に一発撃ち込まれ、頭や腹、胸などを日本刀で二十カ所突き刺されて、下半身は裸にされて大型トランクに詰め込まれていたという。（略）佐藤さんの遺体が見つかったのは日本通運サンフランシスコ支店を去る五日解雇されたばかりの米人ジョセフ・プライス（二三）＝白人＝のアパートで、市警ではプライスを有力容疑者として指名手配。

佐藤さんは昨年九月、観光査証《ビザ》で渡米以来、サンフランシスコのピアノ・バーをあちこち歌手としてアルバイトしていたが、近く観光査証が期限切れになるので、プライスに善後策を相談するため、八日午後プライスのアパートで落ち合ったもので、市警によると、佐藤さんが殺されたのは、八日午後四時ごろから九日午前二時半までの間とみている。

有力容疑者のプライスは、母親が日本人（埼玉県居住という）と結婚したので、いっしょに渡日、十四歳のときから日本に九年間居住し、今年帰米したばかり。中央大学を半年で中退したというが、日本語は日本人もびっくりするほど達者だという。

被害者は気立てもやさしく日本町の人気者になっていたが、サンフランシスコ総領事館では観光査証で訪米の日本人女性が非合法的にアルバイトしていたのが表ざたになって渋い顔をしている。〈サンフランシスコ池添通信員〉」（朝日新聞一九七四年四月十一日夕刊）

眼で草を刈り取るように読んでいった。頭の中に火がついたようになった。回し読みしたみんなが沈黙しているなか、誰かが「このプライスってやつ許せないな。今から殺しに行きたいよ」と叫んだので、ふいに冷静になった。花房に「三田のマンションのことも書いてあるし、週刊誌はすぐおふくろを押さえにかかるぞ。おふくろをホテル高輪にでも部屋を取って移動させてくれ」といったあと、行きかかる花房の背中に、「明日にでも、おふくろにはシスコに行ってもらうから、そのつもりで支度するようにな」と声をかけた。

五時を回ると事務所の電話は鳴りっぱなしになった。「新聞に書かれたこと以外は、何もわからない」と答えさせることにしていたが、やれ写真がほしいのプロフィールがほしいのと引き下がらない。知りあいの週刊誌の記者が会いたいといってくる。「ちょっとおれは消えるからな」といい残して、スポーツニッポン新聞の文化部長・小西良太郎に会いに行った。

小西とは、業界には内緒だったが三軒茶屋の洋館建ての彼の家に二年ほど間借りして棲んだことがある仲で、小澤音楽事務所やジュン&ケイの相談役みたいな存在でもあったから、知っている情報をすべて彼に伝えてトップできちんとこの事件を扱ってもらうつもりだった。

翌日スポニチには大きい記事が載ったが、テレビや週刊誌では一種の猟奇事件の扱いで、殺人現場を見たかのようなグロテスクな記事ばかり出た。犯人のジョーセフ・プライス（日本名ミギタ・タネヨシ）が真理子の三沢時代から付き合いのあった元恋人だったとか、ミギタが真理子に借金をしていてそのいざこざで殺されたとか、あらぬことを書きたてられた。ただミギタの身辺調査で暴力団との繋がりがあり、取材に応じていないがミギタ家からは事実上勘当同然の扱いでアメリカに放り出された、ということだけはわかった。

この事件のあと、レコーディングでロスアンゼルスに行く機会があって、サンフランシスコまで足を伸ばし何度かダグラス三隅と会っている。が、お互い痛い思いがよみがえるので事件のことには触れなかった。だが、八年ほど前、記憶が風化しないうちにとダグラスにメールを出した。ダグラスはがん治療の最中だったが、事件について話してくれた。

犯人の名はジョーセフ・プライス（日本名 ミギタ・タネヨシ）、アメリカ生まれの独身の男でした。年齢は意識してなかったので覚えていません。外見から判断して二十一から二十三歳ぐらいだったと思います。日本人並みの背丈、体格をした白人でした。

彼は日本人男性と結婚した白人の母に連れられて幼い頃から日本に居住していたので英語ができず母国であるこの土地でも日本人コミュニティーにすがり付いて生活していたみたいです。通常日本名の右田で知られていました。

人の話によると右田の日本の父親は大学教授とか。堅い職業柄、とかく世間体を気遣う立場にあり、大人になった彼はアメリカへ放り出されたのかもしれません。右田は日本で暴力団と関わりを持ち、それで日本にいられなくなったのでしょう。入国後、米国連邦捜査局のやくざ名簿にリストされていました。しかし一人アメリカへ渡ったチンピラごとき行動を共にする仲間はいなく、日本人町であれこれアルバイトをして暮らしていたようです。

さて事件についてですが、詳しい事まで正確に覚えていません。元々法廷で述べられた事さえ全部真実だと思っていなかったので尚更です。ただはっきり言えることは、事件に関してうその情報を数人がネットの掲示板に投稿していますが、当時無責任にでっち上げられた芸能誌などの記事をおそらく鵜呑みしてしまったものと思われます。真理子と右田の過去に接点は一切ありません。

　裁判では右田に懲役十年、しかし五年後の仮釈放を許す判決が下されました。残念ながら被害者側の人間として強姦未遂及び殺人罪に対してこの甘い判決は決して満足できる内容ではありませんでした。酒を飲んでいた加害者には物事を正しく判断する能力が低下していた。こんな理屈が、初めてアルコールを口にした結果と言うのであればいざ知らず、減刑の対象になってよいのでしょうか。やはり夜の外国人酒場で歌っていた一外国人女性の命はアメリカ市民を守る法廷では重視されなかったのではないかと考えさせられます。

　真理子が右田に会いに行ったのはビザの相談をするためでした。彼女は私の将来のことを考えて別れ話を持ち出した時期でもあり、仮の形にしても別れは必然的に迫ってきていました。私自身は市民権を取得していたので他に手段がない時は結婚すれば済むものと楽観的に考えていました。全て私の責任です。いち早く私の胸の内を彼女に伝えて置くべきでした。以前、真理子が自ら身を引こうとした別れ話をしましたが、覚えておられるでしょうか。私の荷物にならないようにと、ひたすら頑張って何事も自分自身で解決しようとする性分の彼女を……。

気がついていながらそんな彼女を救うことができませんでした。いつまでたっても後悔ばかりが先立ちます。

休みの日にビザに詳しい旅行会社に勤めている人と会う約束を、私は真理子から前もって聞いていていました。その相手は間違いなく右田でした。外には考えられません。

事件の起きたアパートはサンフランシスコ・ジャパンセンターから徒歩で十二分余りのところにあり、右田は他に三人の日本人ルームメイトとそこでシェア生活をしていました。事件発覚後当初はこの三人の日本人へも関与の疑いがかけられていました。右田が真理子を誘い出し彼らのアパートへ連れ込んだことは全員が承知しており、その後もアパートを都合よく空けるなど事前の打ち合わせは済ませてあったからです。因みに真理子のアパートはそこから徒歩五分のところにありました。

右田の狙いは始めから真理子を酒に酔わせて性行為をすることでした。そんな企みが秘められていたとは真理子は想像もしなかったでしょう。むしろ彼女にとって思いもかけなく心地よい一時を過ごしていたに違いありません。考えられるのは問題のビザに関する心配が安らぎ、ほっとしていたのでしょう。好きな音楽を聴きながら、好きなウオッカを仲間と飲み合う。おそらくハーフの境遇の下に育った右田と互いの人生観を共有していたのではないでしょうか。

時間はどんどん過ぎて行きましたが酒に強い真理子は一向に酔いつぶれません。とうとう一人のルームメイトが戻ってきました。右田は彼に再度外出を頼みましたが焦り始めました。次から次に他のルームメイトは帰ってきます。

この時点で右田は既に完全に酔っていて物覚えがはっきりしないと主張しています。そして彼は目的の実行に移ろうとしますが真理子に拒まれます。カッときた彼は隠し持っていた拳銃をちらつかせ脅しに入りました。信頼がいっぺんにして崩された真理子の怒りは壮絶なものだったでしょう。「撃てるものなら撃ってみろ！」最後に発した真理子の言葉です。右田は無意識のうちに引き金を引いていたと言います。

発砲後の右田とルームメイトらの行動が定かでありません。動揺していたからと言えないでもないのですが、そして誰が通報したかも聞いていませんが、ともかく警察が呼ばれたのは丸一日遅れなのです。その間に全員がアパートから姿を消していました。真理子の死因は銃弾の傷口から流れ出た大量の出血による失血死でした。誰かが素早く救急車を手配していたら命を落とさなくて済んだ可能性を考えさせられます。

右田は判決後刑務所に収容されましたが五年後に模範囚として出所しています。そして噂によるとすぐ今度はロスアンゼルスで再び拳銃を使って殺人を犯しています。あくまで人から聞いた話ですので確証はありませんが……。

ここでダグラスのメールは、終わっている。

設楽幸嗣から、「真理子をラスベガスに連れて行ったことがあって、その時、ホテルのプールではしゃぎまわって嬉しそうな真理子の笑顔が忘れられない」と聞いたとき、北国育ちの真理子がはしゃいでいる笑顔が眼のあたりに浮かんだ。

その一時《ひととき》があっただけでも真理子はアメリカに行ってよかったのだ、と思ったが、もし真理子を東京へ連れて来なかったら、こんな悲しい最期を迎えることもなかっただろう……と自責の念が湧き出して胸がきしんだ。

杏真理子
MARIKO KYO
さだめのように川は流れる

野坂昭如と「バージン・ブルース」

一九七一年十一月。学習院女子大学の学園祭で「野坂昭如野外コンサート」をやった。浅川マキのデビュー時から相棒のように響きあった仕事をしてきた東芝レコード宣伝部の田村広治が、東芝を辞めてジュン&ケイ企画室に入ってきてくれたのだ。その田村とのはじめての仕事がこの野坂コンサートだった。

野坂がシャンソン歌手「クロード野坂」として活動を始めた六九年ころは、「遊びの領域を広げたなあ」くらいに思っていたのが、この二月コロムビア・レコードから出したシングル「黒の舟歌」を聴いておどろいた。

玄人をもじってクロード野坂にしたことは知っていた。曲のよさもあるが声といい歌の掴まえ方といい見事なものでしびれた。さっそく野坂贔屓《びいき》の浅川マキに話したらすでに知っていて、「野坂さん、いいでしょう。ピアノにない音でうたうのは、野坂さんとわたしとビリー・ホリディくらいだもの」なんて訳のわからないことをいって、まんざらでもない顔をした。

その時のことがあったから、学習院女子大の野坂野外コンサートのゲストはむろん浅川マキ。当日本番、また悪い癖が出てこのコンサートをライブ録音しておきたいと思い詰め、東芝の吉野金次エンジニアに記録用にといって録音機材を持ち込んでもらった。

マキのあとにステージに上がった野坂は、「きみたち二十《はたち》、ぼく四十二《しじゅうに》」とかいって笑いを取りながら四文字コトバを連発して、「マリリンモンロー・ノーリターン」や「黒の舟歌」など六曲をうたいきった。

このライブ録音の音を繰り返し聴いているうちに、どうしても野坂昭如のレコード・アルバムが作りたくなった。田村広治が走り回ってくれて、三木鶏郎「冗談工房」時代の野坂と同期で「マリリンモンロー・ノーリターン」や「黒の舟歌」の作詞作曲者でもある桜井順をサウンド・プロデューサーとして引っ張りこむことができた。

さてレコード原盤つくりは何とかなるが、販売となると既存のレコード会社に持ち込んで品定めをされる。それも片腹痛いなんて話になって、そのころ誰もやっていない自主制作、自主販売（通信販売）、今でいうインディーズ・スタイルでいくことにした。限定三千枚。広告宣伝費がないので、新聞や週刊誌の取材記事の末尾に予約申し込み方法を書いてもらうという綱渡りでスタートした。

A面は「某女子大実況録音」として野坂の話と「嗚呼天女不還（まりりんもんろうのうりたん）」「梵坊の子守唄」「バージン・ブルース」「大脱走（にっぽん大震災心得）」。B面はスタジオ録音で、「花盛りの森」「幸福のどん底」「バイバイ・ベイビー」「唐紅のブルース」「おりん巡礼歌」「黒の舟歌」「黒の子守唄」とした構成である。それも一曲一曲、曲に似つかわしいデザインの手書きの歌詞が十一枚入れてある。アルバム・タイトルは『鬱と躁』としたが、桜井順がこのレコードのテーマは「煩悩」だというので、野坂の毛むくじゃらの手で印を結んでもらい写真家のタムジン（田村仁）に撮ってもらってジャケットにした。

レーベル名をどうするかが議論になった。大手レコード会社全盛の時代、その向こうを張って雄叫びを上げる日本初のインディペンデント・レコードである。新曲のなかで「バージン・ブルース」（詩・能吉利人、曲・桜井順）が光を放っていたので、「バージン・レコード」がいいのではないかと提案した。

ジンジンジンジン　血がジンジン
梅も桜もほころびて
ジンジンジンジン　血がジンジン
箱入り娘は眠れない
バテレンごのみのテッポーで
夢が破れりゃギンギラギン
はじめて飲んだあこがれの

夜明けのコーヒーどんな味
あなたもバージン　わたしもバージン
バージン・ブルース

この「バージン・ブルース」から処女懐胎をして「Virgin Record」はうぶ声をあげた。

後年わかったことだが、あの「マドンナ」を世界的に有名にした「Virgin」レコードは、同じ一九七二年にリチャード・ブランソンが立ち上げたもので、翌年のマイク・オールドフィールド『チューブラー・ベルズ』がスタートだから、世界で初めて誕生した「Virgin」レーベルの一枚目は間違いなくこの『鬱と躁』である。

一九七二年二月発売の段階で口コミ取材方式が上手くいって、すでに予約で三千枚は完売状態だったのだが、到着した三千枚のレコードの〝処女膜〟づくりが待っていた。おまけとして、レコードを入れる紙袋に野坂のサインを入れるのは決まりだったが、つい酔った勢いで三千枚すべてのレコードの真ん中の針の穴に処女膜と称して野坂の朱印三文判を押した和紙を貼る提案をしたのが、採用されたのだ。

しかし届いたダンボールの山に呆然とした。野坂もこの「はじめてレコードをかけるとき、ターンテーブルの棒が和紙の処女膜をブスッと破る」という仕掛けに大乗りで、「だったら三千枚のサインもＯＫだ」と交換条件になっていたので、やめるわけにはいかない。

あらかじめ発売日を決めていたばっかりに、女性スタッフも交え、発送のための梱包宛名をする者と、ひたすら和紙に判子を押す者、それをレコードの穴に貼る者と交代交代で、三日三晩、徹夜つづきの処女膜づくりにみんな精魂を使い果たした。

いま、そのレコードを手にとって破れた処女膜の残骸を見ているのだが、もしも和紙が貼ったままのレコードを一枚取っておいたなら、『開運！なんでも鑑定団』で最低三十万の値がつくのになあ〜、なんてため息が出た。

第三章　歌の根と花

りりィと『たまねぎ』

一九七一年七月。杏真理子のアルバム『さだめのように川は流れる　親愛なるアダモに捧げる』をリリースする段取りで慌ただしい時に、札幌ＨＢＣ（北海道放送）の新居一芳（彩木雅夫）から「新宿駅東口広場の噴水の前で歌をうたったり、絵や詩を書いたりしている『リリー』というハーフの女の子がいるんだが、会ってみない？」と電話が来た。杏真理子の発掘者であり彼女のデビュー曲の作曲家でもある彩木からの電話である。杏真理子がまさにそうであるように、戦争の落とし子ともいえるハーフ（混血児）の表現する声や音感に独特のものを感じていたので、会うことにした。

二年前の一九六九年八月十五日から三日間、アメリカ・ベセルで四十万もの観客を集めてやった「ウッドストック・フェスティバル」のドキュメンタリー映画を七〇年九月に、ロスアンゼルス・ウエストウッドの映画館で観て感動した。小澤惇とともに南米を回ったあと、ニューヨークでの東京キッドブラザース『ゴールデン・バット』公演を観ての帰りで、日本公開前のことだ。サンタナやジャニス・ジョップリン、ジミ・ヘンドリックスら豪華なミュージシャンを目の当たりにした興奮もあったが、画面の中の何十万人ものヒッピーたちの生きざま遊びざまが凄かった。ベトナム戦争が泥沼化するなか、「ＬＯＶＥ＆ＰＥＡＣＥ」を掲げて、資本主義社会の縛りを捨て、自然回帰を謳う彼らが、カウンター・カルチャーのシンボルのようにさえ思えた。

日本でも新宿の東口噴水前で、バンダナを巻いたヒッピー風の格好でギターを抱えて歌をうたったり、自作の詩を大声で吟じたりしている若者たちがいた。フーテン族とかいわれていたようだが、リリーもその中のひとりだという。


新居の音楽出版社ミュージック・キャップ東京事務所で、リリーに会った。赤みがかった髪にひざ下まである薄いサイケデリック模様のワンピース。目のまえのソファーに座っているのだが、「寺本です」と声をかけても、うつむいた暗い表情は変わらず、ただうなずいただけだった。ソファーの横にギターケースが置いてあったので「何かうたってくれないかな」といったら、もの憂げに立ちあがりカーペットの上に正座してギターを抱えた。スカートからはみ出したひざ小僧の汚れが気になった。

ビートルズの「イエスタディ」をたどたどしい手つきでギターを弾きながらうたった。しわがれた声でうたうリリーの「イエスタディ」は、はじめて耳にする歌のようだった。

「自分で作った歌はないの?」と訊いたら、一年前十八歳のときに作った歌が一曲だけ、「愛」という歌があるという。うたってもらった。

空もひとり　海もひとり　私もひとり
でも　空は雲に　海は波に　話しかけて
楽しそうに　笑いながら　生きているのに
なぜ　私ひとり　心のささえもなく
さみしさにたえながら　生きてゆくのか

びっくりした。

空を海を一人称にするのはわかるが、「空もひとり、海もひとり、私もひとり」と掴まえる底深い孤独感に打ちのめされる思いだった。


この歌が耳の底にこびりついて離れない。数日後、ミュージック・キャップの水谷氏からリリーの連絡先を聞いていたので電話をした。アパートの共同電話のようだった。男が出て「いま、リリーはいません」とそっけない返事。こちらの連絡先を伝え電話を切った。翌日、リリーから電話がきたので新宿「凮月堂」で会った。

あたまから「きみを世に出したい」と切り出したらうつむいた顔を上げて、こちらの眼をしばらく覗き込むように見てから、「ほんとうですか?」とコトバを切って、「嘘じゃない、ですよね」といった。その響きに、これまで彼女が大人たちのコトバに翻弄されてきた気配を感じた。

「愛」という歌を聴いて衝撃を受けたこと。プロデューサーとして、浅川マキを寺山修司と組んで世に出したこと。音楽出版ジュン&ケイ企画室のこと。相棒のおけいさんに録音したテープを聴いてもらったら乗ってくれたこと。「愛」を聴いてきみの作る楽曲でアルバムを作りたいと思ったこと。あと十曲出来るまでジュン&ケイできみの面倒をみること。とたたみ込んだら、「めんどう?」とはじめて大きな声を出した。

「歌手として作家として、きみの面倒をみるということだよ。最低の生活費を保証するということだ」と答えると、浅川マキの名前が出た場面同様、こちらを見つめる眼に光が生まれた。

ビールが好きだというから三丁目の「どん底」裏の行きつけの居酒屋に場所を移した。浅川マキのときと同じように、「いま眼のまえのリリーと仕事をするんであって、きみの私生活に干渉する気もないし、過去についてもあまり根掘り葉掘り聞きたくない。現在のリリーが過去の延長線上にあるんだから」なんていいながら最小限の過去を聞き出した。

リリー(鎌田小恵子)は一九五二年二月十七日、福岡天神町で生まれた。母親は、一九四八年頃から中洲で米兵相手のジャズBARをやっていた。そこへ通い詰める米空軍の将校と恋仲になりリリーを懐妊した。朝鮮戦争に行った父親の米兵は消息不明のまま帰って来なかった。リリーは父親の顔を知らないで育った。

そのころ朝鮮戦争の軍需景気もあって米軍の駐留先となった地方都市ではパンパンと呼ばれた米兵相手の街娼があふれ、ＢＡＲやクラブで知りあった米兵とカップルになって、自由恋愛という名のもとに戦争花嫁として海を渡ったり、戦争恋愛とかで米兵との間に何人もの私生児が生まれた。

一九五二年に施行されたサンフランシスコ講和条約で生き返った日本は五年もしないうちに元気をとりもどし、戦争の傷あとを忘れようと躍起になっていた。そのあおりを喰ったのが、米兵との間に生まれた「あいの子」と呼ばれた混血児たちだった。小学校に入ったリリーは、「あいの子！　あいの子！」と差別され石をぶつけられた。母親は、軍需景気のおかげで繁盛する中洲のＢＡＲをたたんで、十一歳のリリーを連れて上京した。

母親は二人きりのとき、陽気にうたったり踊ったりするリリーを見ていたので、小学校に転入させるかたわら東映児童劇団に入れたりしたが、そこでも眼に見えない差別を受けて一年ほどで辞めた。母親はＢＡＲや料理屋で働きながらリリーを中学に入れ、映画やテレビのオーディションに応募させたりもした。リリーはエキストラまがいの役でいくつかの映画に出ているが、セリフのある役などほとんどもらったことがなかった。

その母親が、リリー十六歳の秋に死んだ。天涯孤独の少女となったリリーは新宿を根城にヒッピー仲間の間を転々として生きた。母親が死んで一年後、「愛」という歌が生まれた。

リリーの話を聞いてプロフィール風にまとめた過去だが、「天涯孤独の少女となったリリーは、新宿を根城にヒッピー仲間の間を転々として生きた」と一行ですませたものの、母親の死からリリーに出会うまで三年もの歳月がある。その間にいろいろなことがあったことは想像に難くない。だがそれ以上、聞きたくも知りたくもなかった。

一回目の給料みたいなものを払うとき、ジュン＆ケイ企画室で、「どこのキャバレーやクラブに行っても、リリーという名の女の子はたくさんいる。同じリリーでも今日からは、平仮名のりりに小文字のィ、『りりィ』で行きたい」と紙に書いて見せると、「うん。いい」とうなずいた。「りりィ」という名の一本の百合（Ｌｉｌｙ）の花が生まれた日だった。

音楽出版ジュン＆ケイは、おけいさんプロデュースの菅原洋一「今日でお別れ」やロス・インディオス「知りすぎたのね」、ザ・キング・トーンズ「グッド・ナイト・ベイビー」がヒットして、浅川マキも二枚目の『ＭＡＫＩ Ⅱ』が好調で、学園祭などに引っ張りだこで忙しくなっていた。

田村広治をはじめ、『ドキュメンタリー青春・新人狩り』を観てジュン＆ケイに入りたいと来てくれた明治学院出の麻生静子、月島生まれ育ちの後輩で多摩美出の篠崎伸之と能力と感性を兼ね備えたスタッフが集まっていた。

ジュン&ケイ企画室はプロダクションではないから、歌手として面倒をみるとなるとマネージメントが必要になる。小澤音楽事務所には浅川マキが辞めるのどうのという騒ぎになっていてとても頼めない。系列会社に佐川満男のいるアルト企画があるが、カラーが違う。そこでプロデューサー見習いの篠崎伸之に、りりィのマネージメントをやってもらうことにした。篠崎は玄関の鍵など掛けたことのない月島長屋育ちで明るいオープンな性格だったから、りりィもすぐ懐《なつ》いてくれた。前からやっていたスナックの弾き語りなどは認めていたが、他のアルバイトは原則禁じていた。篠崎から細かい報告が入るので安心だった。

七一年から七二年にかけて、フォーク系の岡林信康や高田渡、六文銭などから吉田拓郎まで男性のシンガー・ソングライターはいたが、女性のシンガー・ソングライターはいなかった。特別そんなことを意識していたわけではないが、浅川マキも自作曲「夜が明けたら」でデビューしたし、『MAKI Ⅱ』では「少年」という名曲を書いている。りりィの「愛」を聴いてからりりィの自作曲のアルバムを作りたかった。

歌ができると、会社に来てうたってもらった。一番はじめに持って来た歌が、「死ぬ歌をつ

くっても　私は生きている／泣く歌をつくっても　泣いてはいない」からはじまる「死の歌をつくる時」だったりして、「これはこれでいいけど、もう少し明るい歌もほしいな」といったら、決して明るくはないが、十六のときに作った歌があるといって、「ある夜　私は夢の中にいた／夢中で　街を駆けていた　なにがなんでも　あの雲に／大きな羽をつけ　おいしい水をのみにゆく」とうたい出す「羽のはえた雲」を持ってきた。りりィの現実風景の裏側に少女漫画的なメルヘンの世界があることがわかった。

続いて孤独な少女が架空の愛するひとに手紙を書く、「お元気ですか」といういい曲が出来てきて、ようやくアルバムの全体像が見えてきた。そこでリアリティを持った曲がほしくなって、りりィが十四歳のときに出た映画の話を歌にしてほしいと注文した。それが、「私の映画」である。

この前　ちょっと思い出す　昔々のおはなし　私に　まだ　歌も何もなかった頃に
何もわからない私に入ってきたはなし　それは私に　もう一つの夢を持たしてくれた
私はよろこんでのったわ　その仕事　ママが持ってきたはなし
それは映画　聞かせてあげるわ　このはなし

私がはじめてやったのは　映画のはなしに　関係ないような　端役《はっしゃく》の端役
誰でも　一度は経験するはずさ
私がついたその役は　上流階級の娘　ある日　店に入って　主役が持ってたドンブリ
私がぶつかって　落っことした　その時に
いつも私が見られる目で　主役を見返してやったわ
私についてまわる　その目を出してやっただけさ
とても簡単だったさ　あたりまえのことさ
たった一本の映画　それを私は見なかった　たった一本の映画　それを私は見なかった
誰でも　一度は経験するはずさ　たった一本の映画　それを私は見なかった

思い通りの出来映えだった。あとでわかったことだが、りりィの出た映画は、降旗康男監督のデビュー作『非行少女ヨーコ』だったようだ。だが、りりィもわたしも観ていない。

ほぼ曲が出そろったので、浅川マキの仕事で出入りして顔見知りになった東芝レコード第二制作部チーフ新田和長に持ち込んだ。新田はフォーク・デュオ「トワ・エ・モア」をスターダムに押し上げた敏腕プロデューサーで、一度は仕事をしてみたいと思っていた。りりィの楽曲を聴いてもらいアルバム・コンセプトを話したら、「やりましょう」とすぐ乗ってくれた。

七二年の年はじめからレコーディングを開始して五月にアルバムとシングルを同時発売することに決めたが、問題はアレンジャーである。りりィの書く曲はメロディラインに展開が乏しく、ともすると歌謡曲っぽくなってしまう。シングル候補の「にがお絵」もりりィのコトバだが、メロディはいくつか仕事をしたミュージシャンでディレクターの原澤智彦に書いてもらった。

新田が木田高介を紹介してくれた。前衛的なロック・バンド「ジャックス」にいた木田の音作りのうまさは知っていたし、ロックテイストのアルバムにしたかったのですぐに乗った。ここから、木田高介との濃い付きあいがはじまる。

一九七一年十二月三十日と三十一日の「浅川マキin新宿紀伊國屋ホール」が無事終わって、年が明けるとすぐ、りりィの打ち合わせに入った。全体像がはっきり見えたところで、浅川マキの紀伊國屋ライブの録音音源のチェックや何やらで多忙をきたしたので、りりィのレコーディング組み立ては東芝のディレクター武藤敏史と篠崎伸之に任せっぱなしになったが、二月に入ってはじまったレコーディングにはすべて立ち会うことができた。

木田高介のアレンジで、半年がかりで生まれた一曲一曲が生きもののように仕上がっていくのが感動ものだった。ことに、いちばん心配していた「私の映画」のハード・ロック風アレンジと間奏の水谷公生のギターにはしびれた。りりィもすべての歌がカラダの中に入っているせいか、調子のいいときはほとんど3テイクぐらいで歌録りができた。ただ前の夜、ビールを呑み過ぎると声に張りがなくなりロングトーンが苦しくなる。篠崎に注意すると、「見えないところで呑んじゃうので、どうしようもないですよ。ああ見えて、やっぱり緊張してるんですよ」と答えが返ってきた。

そんなレコーディングが佳境に入っているころあいに、新宿アンダーグラウンド・シアター「蠍座」の葛井欣士郎から電話がかかってきた。大島渚からの「会いたい」という伝言だった。葛井は蠍座の地上にある「アートシアター新宿文化」の支配人でもあったが、同時にATG（アート・シアター・ギルド）映画のプロデューサーで、七一年公開の大島渚監督作品『儀式』をプロデュースしている。

前年の十一月、大島から「沖縄返還前に沖縄で映画を撮りたいのだがりりィを出せないか」と話があったが、ちょうどその撮影がレコード発売の時期と重なるので断っていた。そのこと自体忘れていたタイミングだった。「あの話なら」と断ろうとしたが、「大島さんが、どうしても、というので会うだけ会って」という。約束の時間に新宿二丁目の「カプリコン」に行った。葛井の紹介で前に一度会っていたので「どうも」と大島の前に座ると、ポンと台本『夏の妹』を放り投げるように出して、「どうしても、りりィに出てほしい」と切り出した。

大島はりりィのことは前から知っていて「本人と話してもいいのだが」と詰めよる。ざっと眼を通す。栗田ひろみが主演の映画なのだが彼女のピアノ教師の役がりりィで、栗田ひろみの父親小松方正の婚約者でもある。年齢は二十七歳。二十歳になったばかりのりりィに演じられるかと思ったが、大島は「どうしても、沖縄生まれ育ちのアメリカ人の血が入っている女じゃなければダメなんだ。りりィならこの役はやれる」と断る隙を与えない。撮影は沖縄返還日五月十五日の五日後、二十日から一カ月間沖縄オールロケで、りりィの出演場面は二十日から二週間。封切りは返還後はじめての日本映画として八月に沖縄で公開される。

りりィの「私の映画」が、耳もとで鳴った。エキストラどころか準主役といっていい役である。りりィの母親の声まで聞こえた気がして、「わかりました。スケジュールを調整してみます」と答えていた。

アルバムが仕上がった。タイトルは、まさか「りりィの世界」にするわけにもいかず、「どうしよう」とりりィに訊いたら、「たまねぎ」にしたい、という。「たまねぎ?」と訊き返すと「たまねぎを切っているときに出る涙が、いちばん好きだから」という。反対する理由はない。タイトルは、「たまねぎ」に決まった。だけど、「ただ、たまねぎ、だけじゃ訳わからない」といったら、ギリシャ神話仕立ての「ＯＮＩＯＮ／ＬＩＬＹ・たまねぎのお話し」という童話を書いてきたので、それをジャケットの歌詞面に入れることにした。

ジャケット写真は、浅川マキでコンビを組んでいるタムジン（田村仁）にした。が、タムジンは、このりりィの童話を読んで、古いヨーロッパの竹馬に乗っている少年の絵を表面《おもてめん》にしたい、と持ってきた。思い通りのアルバムが見えたとき、新田和長が東芝の編成会議で新人のアルバム・デビューなのに、「イニシャル五万」と提案して、「ぼくが責任持ちます」とまでいってくれた。

りりィ『たまねぎ』は、一九七二年五月五日、全国発売された。三大音専誌（音楽専門雑誌）、「新譜ジャーナル」「ガッツ」「ライト・ミュージック」にも大きく取り上げられ、「りりィを聴く会」などとマスコミ中心の告知ライブをやり、ＦＭラジオにもオンエアーされるなど細かくプロモーション・スケジュールを組んでいたが、沖縄返還行事の大騒ぎのなか、二十一日には映画撮影のりりィと沖縄に同行する篠崎を羽田まで見送りに行った。

次の日の朝八時ごろ、沖縄の篠崎から電話が来た。映画のファースト・シーン、りりィが外風呂に入っているところに栗田ひろみがやってくる場面から撮影が始まったのだが、大島監督がりりィに栗田ひろみに向かって風呂から立ち上がれといっている、という。カメラ正面に上半身をさらけ出すことになる。確かに台本で冒頭に外風呂のシーンがあることは知っていたが、向こうむきのりりィが栗田ひろみの声掛けで振り向くというカットだったはずだ。

「話が違う。監督に電話代わってくれ」と叫ぶようにいった。ほんの二分ほどだったが、長い時間待った気がした。もどってきた篠崎が「監督は、寺本が風呂に入っているわけじゃないんだから、もしも、りりィがどうしても嫌ならやめてもいいけど、といってます」と切羽詰まった声でいう。「やられた」と思った。りりィが、大島から、「女優として、やるかやれないか」などといわれたら断るわけがないと思った。電話を切ってから、二十歳《はたち》でデビューしたばかりの歌手が、映画でおっぱい丸だしのシーンがあると知れたら東芝の関係者に合わせる顔がない。そうとう落ち込んだ。

かなり徹底したプロモーション展開をしたが、はじめの一万はすぐはけたものの後がなかなか続かない。しかし、どういうわけか話題満載の映画『夏の妹』が全国公開されたあたりから、アルバム『たまねぎ』が動き出し、りりィのアルバムでもっとも高い評価を受けたセカンドアルバム『ダルシマ』を七三年七月に出したころには、『たまねぎ』も五万のイニシャルを消化した。

アルバム『ダルシマ』からカットした、シングル「心が痛い」がオリコン五十位に初登場し、のべ二十万のセールスをあげてりりィのはじめてのヒット作品となった。

りりィが売れ出してジュン&ケイ企画室は、まるでプロダクションのようになってしまった。おけいさんから、「そろそろ独立するべきときじゃない？」といわれて、「会社持って、社長なんてものになったらおしまいだよ」と抵抗していたが、りりィをどこかに移籍させるわけにもいかず、おけいさんと小澤惇に資本金を出してもらい、いまの六本木ヒルズの真向かいのル・コント洋菓子店ビルの五階の一室を借りて、「音楽工房モス・ファミリィ株式会社」を立ち上げ代表取締役社長になった。

スタッフは、ジュン&ケイで組んでいた篠崎伸之、田村洋子、木村英雄、勝又剛、瀬村真理、伴千恵子と契約プロデューサーの設楽幸嗣の七人。別に意図したわけではないが全員東京生まれ育ちであった。

モス・ファミリィでまず初めにやったことは、りりィのバンドをつくることだった。ようやく東京で千五百、地方でも七百くらいの小屋（劇場）を満杯にできるようになったし、実力のあるミュージシャンを集めてちゃんとしたバンドをつくりたかった。

ちょっと情緒的な話になるが、いい音を出すいい男たちの真ん中でりりィにうたわせたかったし、それがりりィが心ゆるせる家族のようになればいい、とも思っていた。

木田高介（アレンジ&キーボード）、土屋昌巳（ギター）、吉田建（ベース）、斎藤ノブ（パーカッション）、西哲也（ドラム）で、バンド名は一度きりのセッションのつもりのライブ感がほしかったので、「バイバイ・セッション・バンド」とした。

お披露目のつもりでやった、「りりィ in 神田共立講堂」ライブで、息のあったメンバーの音の真ん中でうたうりりィがイキイキと綺麗だった。この「りりィ&バイバイ・セッション・バンド」全国ツアーで、一気にりりィの人気を確実なものにできると思った。

二枚目のアルバム『ダルシマ』を出したあと、木田高介に代わって国吉良一（ピアノ、キーボード）が入り、国吉が自分のオリジナル・アルバムをSONYから出すので抜けた時期には坂本龍一が参加してくれた。

坂本は、伊藤銀次（ギター）、吉田建（ベース）、上原ゆかり（ドラム）の第二期「バイバイ・セッション・バンド」の正式メンバーとなって、りりィの六枚目のアルバム『オーロイラ（Auroila）』で曲を書きアレンジもやってくれた。

毎年、恒例になっていた大晦日公演「浅川マキ in アートシアター新宿文化」が無事終わって七四年の寝正月明けの六日だったか、たしか日曜日だったたと思う。夜おそくりりィから、「変な歌が出来ちゃったんだけど」と電話がかかってきた。りりィから電話が来るなんて滅多にないことなので、タクシーで駆けつけた。
りりィは南青山のアパートに、服飾学院に通っているハーフのジュンという女の子と住んでいた。部屋に上がるとすぐ「聴いてくれる?」とベッドに腰掛けてギターを抱えた。こちらは、ジュンと並んでカーペットの上。

私は泣いています　ベッドの上で
私は泣いています　ベッドの上で
あなたに逢えて　幸せだった
昼も夜も帰らない
あなたがいたから　どんなことでも
なりふりかまわず　歩いてきたの

3コーラスまでうたい切った。隣のジュンは何度か聴いているのか肩で調子をとって「私は泣いています」という箇所をハモったりしている。びっくりした。

「これほんとうに、おまえがつくったの?」

うん。とうなずく。

「明日、篠崎に取りに来させるからテープに録っておいて」といいおいて帰りのタクシーに乗ったら、いつの間にか小声で「私はあ、泣いて、います」と口ずさんでいた。一度耳に入ったら忘れない歌だとは思ったが、ステージでラストにうたう「心が痛い」とあまりに違うので戸惑いもあった。


テープを受け取りに行った篠崎には、仲良しだった「研ナオコちゃんにどうかと思って作った」といっていたらしいが、「これまでのりりィの路線ではない曲ですが」と注釈をつけて東芝にテープを持って行かせた。案の定、プロデューサー新田和長もディレクター武藤敏史も一発大のりで、「すぐ、録音したい」と篠崎が返事を持って帰ってきた。

録音することになった。はじめ戸惑っていた木田高介がいいアレンジをしてくれた。間奏の市原宏祐のクラリネットがたまらない。りりィの放り投げるようにうたう感じも悪くない。みんな、「これはいける」という顔になった。

普通、録音から発売まで三カ月はかかるところを三月二十五日発売と決めて二月の編成会議では初回十万のイニシャルがついた。シングルといえどもジャケットは手が抜けない。ワルツ

郵便はがき

料金受取人払郵便

麹町局
承認

1763

差出有効期間
2022年1月31日
まで

切手はいりません

102-8790

209

(受取人)
東京都千代田区
九段南 1-6-17

毎日新聞出版

営業本部　営業部行

ふりがな	
お名前	
郵便番号	
ご住所	
電話番号	(　　　　)
メールアドレス	

ご購入いただきありがとうございます。

必要事項をご記入のうえ、ご投函ください。皆様からお預かりした個人情報は、小社の今後の出版活動の参考にさせていただきます。それ以外の目的で利用することはありません。

毎日新聞出版　愛読者カード

本書のタイトル「　　　　　　　　　　　」

●この本を何でお知りになりましたか。

1. 書店店頭で　　　2. ネット書店で

3. 広告を見て（新聞／雑誌名　　　　　　　　）

4. 書評を見て（新聞／雑誌名　　　　　　　　）

5. 人にすすめられて　　6. テレビ／ラジオで（　　　　　）

7. その他（　　　　　　　　　　　　）

●どこでご購入されましたか。

●ご感想・ご意見など。

上記のご感想・ご意見を宣伝に使わせてくださいますか？

1. 可　　　2. 不可　　　3. 匿名なら可

職業	性別 男　女	年齢 歳	ご協力、ありがとうございました

だが木田のベース・アレンジが印象的だったので、ステージでりりィにスージー・クワトロばりにベースを弾きながらうたわせたいと、ベースを弾く写真をタムジンに撮ってもらった。

発売三日目には品切れ状態が続発して、全国の営業所から追加注文が山のように届いた。ラジオやテレビのベストテン番組から声もかかるようになる。ちょうどオイルショックの混乱期で、新聞にはトイレット・ペーパーを買う主婦の行列写真の上に、「私は泣いています」なんて大きな文字が載ったりした。

「私は泣いています」は実数で七十万枚を越す大ヒットになった。発売から二カ月くらい経ったころ月島の実家に帰って、久しぶりに地元の銭湯に行ってカラダを洗っていると、魚河岸の軽子のようなおにいさんが背中をたすき掛けで洗いながら「わたしわあ、泣いています、ベッドの上えでえ～」とうたっているのを見て、「歌がヒットするとはこういうことなのか」と驚き感動したのを覚えている。


七月、りりィのサード・アルバム『タエコ』に「私は泣いています」を入れることにしたのだが、どうしても「私は泣いています」が目立って、「水の音」とか「うらがえしの愛」とかいい曲の影が薄くなってしまうので、木田にシングルの印象的なクラリネットを外してギターサウンドにしてもらった。

ステージも同じことで、大ヒット曲「私は泣いています」をやらないわけにはいかない。どこに持ってくるか、前後の曲はどうするかとか大いに悩んだ。ある意味、「私は泣いています」に振り回されるようになった。

そんな悩みを抱えながらも、りりィは七四年十二月、アルバム『りりィ・ライヴ』、七五年五月には、バイバイ・セッション・バンドと、ロスアンゼルスで録音をしたアルバム『LOVE LETTER』をリリースして、音楽工房モス・ファミリィの屋台骨を支えるアーティストになっていく。

桑名正博と「月のあかり」

桑名正博とはじめて会ったのは、一九七二年五月の終わりころだった。

六本木で隣同士のビルにいたワーナー・パイオニアのプロデューサー栗山章から、大阪に凄いロックをやるグループがいると「ファニー・カンパニー」(Funny Company) のテープを聴かせてもらった。リズム&ブルースを基調としたロックバンドだったが、リードヴォーカルの桑名正博の歌に耳を奪われた。ノリと歯切れがいいから日本語のコトバでうたってもロックスピリット満載で、テープから出てくる音なのに耳というより全身に迫ってくる。栗山の、「興味があるなら、東京に呼ぶけど」というコトバで浸《つ》かっていた音から目が覚めた。

ちょうどそのころ、前年の暮れにやった「浅川マキ in 紀伊國屋ホール」公演ライブ録音アルバム『MAKI LIVE』を三月五日にリリースして、五月五日にりりィのファースト・アルバム『たまねぎ』を同じ東芝エクスプレス・レーベルからリリースしたばかりだった。その二枚ともジュン&ケイ企画室の勝負作品だったからプロモーションに手を抜くわけにはいかない。浅川マキの全国ツアーが始まっていたし、りりィの全国規模のキャンペーンもある。そんな時期、新しいバンドに手を出すなど出来るわけがない。そう思ったが桑名の声が耳から離れない。いい加減さに呆れるが、「会うだけ会ってみたい」と首を縦に振っていた。

それから一週間後、呼ばれてワーナー・パイオニアのスタジオに行ったら、桑名正博とツイン・ヴォーカルの栄孝志《さかえたかし》がいた。桑名らしい若い男が抱えていたギターを置くと、近寄ってきて「桑名です」と手を差し出した。ちょっと間ができて、「寺本です」と手を出すとしっかり握り返してきた。育ちの良さを感じさせる仕草で、格好いい男だな、と思った。

それから、ふたり並んでギターを弾きながら桑名は「スウィートホーム大阪」を、栄は「暗闇をうたった。テープでも聴いていたが、ナマで見て聴くロックンロール「スウィートホーム大阪」（詞・横井康和、曲・桑名正博）は、まさにぶっ飛びものだった。

あんさん新聞読んだはりまっか
排気ガスはひどいし事故も多おまんなァ
そんでもやっぱり　わいは大阪が好きだんねん
※　スウィートホーム大坂
スウィートホーム大阪
スウィートホーム大阪

わいは　たぶん　もう帰りまへん
にいさん　あの娘《こ》をたのんまっせ
わいは　旅に出ることに決めたんや
そんで今日は　大阪見物やってまんねん
（※　くり返し）
わいは　たぶん　もう帰りまへん

ほんまに世間は広おまんなァ
わいも若いし　まだこれからや
そんで　ついに大阪を離れまんねん
（※　くり返し）
わいは　たぶん　もう帰りまへん

おっさん　ここが通天閣だっせ
まあ一杯やりまひょ　大阪もこれが見おさめや
わいは　たぶん　もう帰りまへん
（※　くり返し）
わいは　たぶん　もう帰りまへん

桑名のはぎれのよいギターカッティングと突き抜ける声、くり返されるサビ「スウィートホーム大阪」の栄のハーモニー。大阪弁ロックンロールであるが、こんなにカラダに直接ひびく歌を聴いたことがない。

六月に入って、ファニカン（ファニー・カンパニー）が所属する「ヤング・ジャパン」と交渉するために大阪へ飛んだ。大阪難波のラブ・ホテル街にあった「ヤング・ジャパン」に行って、そのあと長い付き合いになる細川健と交渉した。細川はちょうど、「アリス」がブレークしかかっていたタイミングで手いっぱいなこともあり、桑名に未練はあったものの「よろしく」ということで、ファニカンはジュン&ケイでやることになった。

一九七〇年に公開されたドキュメンタリー映画『ウッドストック・フェスティバル』あたりから日本でもロック・ミュージックが注目され始めたが、反戦フォーク勢に比べれば影が薄かった。だが、京都の美術家・木村英輝らが「ＭＯＪＯ・ＷＥＳＴ」を立ち上げ、京大西部講堂を舞台に先鋭的なロック・イベントを展開していた。ウッドストックを上回る規模の野外ロックフェス「富士オデッセイ」を立ち上げるために動いていることも伝わってきていた。とはいえ、京都ロックの中心にいた「村八分」のヴォーカル柴田和志と山口富士夫のギターを聴いて、すごいロック・バンドが出てきたなあという印象を持ったくらいで、まさか自分がロック・バンドをプロデュースするなんて考えてもいなかった。

アメリカでロック・ムーブメントが爆発したのは泥沼化したベトナム戦争の影響が大きかった。ただ、反戦だけでなく、もっと大きな意味で既存の価値観に対するカウンター・カルチャー的アウトサイダーの音楽だからだろうと考えていた。ところがファニカンのメンバー四人、桑名正博は江戸時代からつづく廻船問屋「桑文」（桑名興行）の七代目跡取りだったし、栄孝志は中野坂上にある「栄総合病院」の次男坊で日大理学部、同志社大四年の横井康和（ベース）の父親は「横井鋳工」の社長で、キーボードの古宇田優の家は宝石卸商で当人は学習院大生。およそ反社会的な翳りを持った面々ではなかった。

「ビルボード」（アメリカの音専誌）のトップ40を片端からうたうような歌好き少年だった桑名は、七〇年大阪万博が終わるとアメリカ西海岸をヒッピー風の旅をする。旅の終わりに、ロスアンゼルスで日大理工学部建築学科に受かったご褒美でアメリカに渡った栄孝志と出会うことになる。本場のロック・ミュージックにカラダの芯まで洗われたふたりはギターを弾きながら好きな歌をうたって意気投合、日本に帰ったらバンドを組もうという話になる。そのときから栄は「桑名ちゃんの歌はアメリカでも通用する」と惚れ込んでいた。

桑名正博と京都生まれ育ちの横井康和が原宿の友人宅で出会う。二歳年上の横井康和は、女性ふたりとフォーク・バンド「ファニー・カンパニー」をやっていて二枚のシングル盤を出していた。バンドは一年前に解散していたが、いわばセミプロ。桑名は栄とも引き合わせ、横井をリーダー格に第二期「ファニー・カンパニー」を結成する。

横井の手引きで「ヤング・ジャパン」の所属となり、栄の中学高校時代からのバンド仲間古宇田優が参加する。MBSテレビ『ヤング・おー！おー！』に出たりするが、ロック色の強いファニカンはラジオやテレビの公開番組から敬遠されることが多く、地方の営業イベント廻りの仕事ばかりで不満が溜まっていた。

その結果、わたしの声かけに乗って東京へ出てくることになった。当時「夜が明けたら」でデビューした浅川マキのバックを一年ほどやってくれていたピアノの設楽幸嗣がロスアンゼルスにいて、のちに南箱根に山荘スタジオ「ロックウエル」を建てる塩次秀司と会社「ＳＮＳ」を設立して日本人歌手アーティスト、ミュージシャンをアメリカ・デビューさせるというプロジェクトを組んでいた。わたしはそれに深く関わっていたから、小澤グループでオープンしたライブ・シアター「新宿ルイード」でオーディションまで企画していた。

　最近わかったことだが、ファニカンを結成する前後、栄孝志は再びロスアンゼルスに行き、塩次秀司に桑名とセッションしたテープを聴かせている。塩次はオーディションの一番手はファニカンだと決めていた。またこの年、横井康和もロスアンゼルスに渡り設楽と会っている。そのとき横井は「アメリカで勝負するバンドにしたい」といった、と設楽は述懐する。

　結局この企画は、アメリカのスポンサー・トラブルで潰《つい》えたが、「アメリカン・ドリーム・オーディション」が実現していたら、ファニカンは別の運命道路を歩いていたかもしれない。

　一九七二年六月末、パイオニアの大野治良ディレクターが、日本のロックシーンを切り開いたバンドのひとつ「Ｍ」のドラム「西哲也」を連れてきてレコーディングが始まった。

　いくつかいい曲もあったが、デビュー・シングルは、「スウィートホーム大阪」と「暗闇」（横井康和＋栄孝志）で行くことにした。メンバーの尊敬する西哲也が入ってバンドがぐっと引き締まった。

　十二月に出す予定のアルバムも含めて、晴海のコンテナ置き場でジャケットとアーティスト写真を撮影した。写真はタムジン（田村仁）。栄が桑名を乗せて真っ赤なポルシェで現れた。シングル・ジャケットはこの赤いポルシェを絡めることにして、撮影は無事終わった。

六本木のジュン&ケイ隣のワーナー・パイオニアに顔を出すことになっていたが、昼も過ぎている。何か食べたい、それも狸穴《まみあな》の「チャコ」のステーキが食べたい、という。メンバーだけだぞ、と「チャコ」でステーキを食わせたが、ひとり五千円は痛かった。

九月二十一日発売。関西地区ではラジオ局も積極的に取り上げてくれて、好調の出だしだったが、関東では大阪弁ロックンロールが色もの扱いでいまいち盛り上がらない。

が、ファニカンは当初の予定通りアルバム制作に入った。七百坪もある橋本町の桑名邸の庭のでっかいプレハブ二階建て子供ハウスで、二週間合宿状態で曲作りが始まった。二度ほど泊まりがてら覗きに行った。ほとんど昼夜逆転の時間割で夕方ふたりのお手伝いさんの運んでくる晩飯が豪華だったことを胃袋が記憶している。

「隣の小学校が出す　アナウンスの声が／昼下がりの僕の部屋に　大きく響く／そんな頃　もそもそと起き出すんです／今はもう　午後一時ちょっとすぎ」という歌「午後一時ちょっとすぎ」（桑名正博・横井康和＋桑名正博）はたしか泊まった晩に出来たはずだ。

十一月にファースト・アルバム『Funny Company』を出す準備をしている最中の十二月下旬、

ミッキー・カーチスがプロデュースする強力なロックンロール・バンド「キャロル」がデビューするという情報が入った。とりあえずアルバム発売を翌七三年一月に延ばして様子を見ることにした。

十二月二十日「キャロル」デビュー・シングル「ルイジアンナ」発売。リーゼントに革ジャン・スタイルとオートバイ。コンセプトがよく出来ているバンドだなあ、くらいに眺めていたら爆発的にマスコミは食いついた。発売と同時に、来年一月から毎月一枚ずつシングルを発表発売するという。毎月毎月「キャロル」に大衆の耳が眼が向くという仕掛けだ。

「ルイジアンナ」は英語と日本語交じりのノリのいい曲で想像通りだったが、問答無用と突き刺さってくる矢沢永吉の声にインパクトがあった。これは「行くな!」と思った。

案の定、年が明けてもキャロル、キャロルである。篠山紀信が撮ったキャロル写真が次々に週刊誌やグラビア雑誌に登場する。京浜地区のスモッグの下から生まれた不良ロックンロール・バンド。いつもメンバー全員「文句あるか!」という顔をしていた。沢田研二を育てたナベプロのプロデューサー中井國二がバックにいることは知っていたが、これは演技で出来るものじゃない。本ものだ。

ファニカンはロックンロールもやるが「レッド・ツェッペリン」を視野に置いたロック・グループだと開き直ったが、週刊誌にメンバーの出自をあばかれ、「ぼんぼんロック・バンド」などと囃し立てられた。

が、日が経つにつれ固有のファンがあと押ししてくれたのか、アルバム『Funny Company』の売り上げ枚数が伸び始めた矢先、内田裕也から声がかかった。

内田とは、「フラワー・トラベリン・バンド」が『SATORI』をカナダとアメリカでリリースしたころからの付き合いで「スウィートホーム大阪」も大推薦してくれていたが、直接電話がかかってきたのは初めてだった。

「ミッキー・カーチスと『日本ロックンロール振興会』を立ち上げることにしたのだが、参加してくれないか」という。「京都のロック・イベンターで美術家の『キーやん(木村英輝)』も参加する。西麻布に部屋も借りてある」「それで、何をすればいいのかな」「いや、スタッフは揃えてあるから、目を利かしてくれればいい」という返事。まるで、ヤクザの「組」立ち上げのような話だなと思ったが、断る理由もない。


だが、この電話がファニカンにとって新しい船出となった。

七三年三月二十八日、日本ロックンロール振興会主催・第一回「ロックンロール・カーニバル」が渋谷公会堂で開催された。出演バンドは、「ファニー・カンパニー」「クリエーション」「キャロル」「内田裕也と1815ロックンロールバンド」他。それと何故か、「國學院大學応援団」

とある。

トップバッターはファニカン。「スウィートホーム大阪」で満員の会場を一つにして沸かせた。ステージの袖に立つ内田裕也も満足そうだった。とんとんと進んで「キャロル」。ほんの三十分ほどのステージだったが、キャロル目当ての客ばかりで矢沢の声がハウリングを起こすほどの盛り上がりだった。

その客のざわめきが収まらないうちに内田裕也が見守るなか、ステージに二十五人もの黒帽黒服の國學院大學応援団が並び、校歌をうたい、「フレーっ、フレーっ、日ノ本」とエールを送る。異様な光景だった。客席もシーンとなって席を立つ者もいた。そのあと「内田裕也と1815ロックンロール・バンド」がやったのだが、中身を覚えていないのは客席にいなかったのかもしれない。内田裕也の三島由紀夫まがいのパフォーマンスだったようだが、いま思い出しても吐き気がする。

終わってから応援団の何人かが楽屋で「利用された」「ギャラなどいらない」と大暴れをしたが、キャロルもファニカンも早めに外に出していたので災難を免れた。

そのあと、ロックンロール振興会がらみで日比谷野外音楽堂とか「ロックンロール inサマー」でキャロルと全国十六カ所ものライブをやり、「東のキャロル、西のファニカン」といわれるまでになった。

「キャロル」と共演するようになって、いちばん変わったのは桑名だった。矢沢永吉を意識したわけでもないだろうが、ますますラジカルになって日比谷野音でギターを叩き壊したり、マイク・スタンドを蹴ったりした。何か眠っていたものが目覚めはじめたように見えた。

桑名正博は、一九五七年の勝山幼稚園入園から、住吉小学校、芦屋甲南中学校と成績優秀で進学したが、十四歳のときに何があったか定かでないが、突如、反抗期を迎え学校へも行かなくなり、家庭内暴力も振るうようになる。六九年、大阪市立阪南中学に転校するも素行改まらず、父親は新国劇の辰巳柳太郎の付け人《びと》にしたり、薬師寺の高田好胤管長に預けたりしている。

大阪万博以前には、奄美大島群島「与論島でヒッピー暮らしをしていた」といっていた。桑名はあとの三人のメンバーと違い、社会から疎外されたドロップ・アウトの視点をいつも持っている男だった。在日の友人も多く、底辺の人たちに向ける眼も優しかった。

だが、自分の中にある怒りを抑え込み人の心に触れることを求め続けていた感情が、ロック・ミュージックに身を投じることによって、あふれ出す瞬間が増えた。何かのきっかけで感情が高ぶると、在日二世のギター新井清貴や付け人役のカヤン太（高柳充宏）をすぐ殴る。だが、感情が収まると実の弟のように「おまえがいるから、おれがいる」みたいな気を遣う。これはもう病気だと思ったが、彼らの繋がりに入り込めない絆のようなものを感じたのも事実である。

ファニー・カンパニーは、一九七三年十一月、西哲也を正式メンバーに加え二枚目のアルバム『ファニー・ファーム』を出すが、桑名の思い描いていたアルバムにならず、解散に追い込まれる。ここでも桑名は家族を見失うことになった。

一九七四年を境に日本のフォーク＆ロックシーンも大きく変わる。吉田拓郎の「結婚しようよ」から始まり、かぐや姫の「神田川」、井上陽水「傘がない」のヒットで、反戦フォークは若もの現実感覚フォークにとって代わられる。女性陣も七二年組のシンガー・ソングライター五輪真弓、石川セリ、中山ラビが頭角を現して吉田美奈子へと続き、七三年十一月、荒井由実（松任谷由実）がデビューしている。また、「キャロル」や「ダウン・タウン・ブギウギ・バンド」らはテレビ媒体に進出。カウンター・カルチャーだったはずのフォーク＆ロックがオーバーグラウンドで日の目を見るのだが、それはある意味、社会の仕組みに取り込まれていくことを意味した。

そういうわたしも、音楽工房モス・ファミリィなんて会社をつくり、りりィの「私は泣いています」の思いがけない大ヒットにあたふたしていた。浅川マキは、商業主義と一線を画し、口癖だった「時代に合わせて呼吸するつもりはない」を実践していた。

大阪に帰った桑名正博は、加賀テツヤ、山本翔らと組んだバンド「ユグドラジル」で、オムニバス・アルバム『イントロダクション』をキングからリリースしたり、「桑名正博とゴーストタウン・ピープル」の名前でライブ活動を展開しているのは知ってはいたが、ブレークした「りりィ&バイバイ・セッション・バンド」で忙しくしていたこともあって、ほとんど桑名と接触する機会がなかった。が、いつも桑名の声は耳底で鳴っていた。ファニカンの栄孝志と古宇田優は大学に戻り、横井康和はロスアンゼルスに移住して音楽活動をしている。

桑名をソロ・デビューさせたいと思い始めたころ、下田逸郎が日本に帰って来てアルバム『飛ばない鳥、飛べない鳥』からまた一緒に仕事をするようになった。七五年の暮れだったか、下田逸郎に桑名をソロで再デビューさせたいとファニカンのレコードを聴かせたことがある。

年が明けて七六年、偶然、東京に来ていた桑名と下田が六本木のアマンド洋菓子店前で出会うことになる。のちに、「偶然なんてもんはなくて、すべての出会いは必然なんだよ」なんて下田にいった記憶があるが、まさに下田と桑名は目に見えない絲を引き合うように出会い意気投合した。

アルバム制作を前提に、ふたりで曲を作らせることにした。下田作詞、桑名作曲で、「白い朝」や「夢のヒコーキ」、「馬鹿な男の R&R」が出来てきた段階で、前々から、ヴォーカリスト桑名正博にぞっこんだったRCAのディレクター小杉理宇造に話を持ちかけたら、すぐ乗ってくれた。レコーディングが決まった段階でアルバムの芯になる名曲「夜の海」が出来てきた。

小杉から「下田・桑名コンビでない一曲をぜひ」と推薦された松本隆が、「真夜中列車第2便」という歌詞を書いてきた。「はっぴいえんど」時代から、リズムに乗るいい日本語を生み出す作詞家だな、とは見ていたが、大ヒットした「木綿のハンカチーフ」の作詞家である。桑名に合うのかな、と思っていたのだが、下田の桑名自身になり切って桑名の心象風景まで掴まえるコトバ（歌詞）と違い、松本のコトバには一つの物語の主役に桑名をすえるという乾いた目線がある。桑名がいい曲をつけた。

「真夜中列車第2便」は、「夜の海」とともに桑名正博ソロ・デビューアルバム『Who are you?』の柱になる。この曲が松本隆と桑名正博の顔を合わせないままの必然の出会いとなり、七九年の大ヒット曲「セクシャルバイオレットNo.1」に繋がっていく。

本来カウンター・カルチャー的存在だったフォーク&ロックが、「ニューミュージック」と名を変えてレコード業界ばかりでなくテレビ、ラジオ、雑誌媒体まで浸透し、音楽文化の本流となっていた。そんな中、ジャケットもアパートのドアの覗き窓から「あんた誰？」と桑名の眼をクローズアップした写真を使ったりして、手作り感たっぷりのロック・アルバムを世に問うたつもりだった。が、売れなかった。

ただ、七四年夏の「郡山ワンステップ・ロック・フェスティバル」や七五年夏の「第一回ワールド・ロック・フェスティバル」を成功させていた内田裕也から、「桑名の『馬鹿な男のR&R』は、うちのバンドでカバーしてるよ」と上機嫌の電話がかかってきた。また、ファニカン時代からの濃い桑名ファンにとっては、アルバム『Who are you?』は幻の名盤で、二〇〇〇年代に入って復刻されたCDはすぐ三千枚のセールスを記録した。

だが、りりィのレコード原盤印税をつぎ込んだアルバムだ。それなりのプロモーションもライブ展開もした。それで売れないままでは格好がつかない、と思い悩んでいるときに、小杉から「筒美京平さんが会いたいといっている」と連絡がきた。

筒美京平とは、彼が作曲家として独立する寸前、本名の渡辺栄吉としてポリドール洋楽部でおけいさんの旦那の松村孝司と机を並べていたころに会っている。

そのころすでに青学の先輩後輩にあたる作詞家・橋本淳と組んで、作曲家・筒美京平の名で藤浩一ら競作のヒット曲「黄色いレモン」を出していた。音楽業界に入ったばかりのわたしは見るもの聞くものすべてが珍しく面白く、おけいさんのあとを追うようにポリドールで菅原洋一のレコーディングを覗き、洋楽部にも出入りしていた。そこでザ・タイガースのデビューシングル「僕のマリー」をヒットさせていた松村ディレクターの紹介で渡辺栄吉（筒美）と口をきくようになった。

彼とはなんだか気が合って、ポリドールに行くとかならず洋楽部を覗くようになる。彼のデスクの横に座って欧米の音楽シーンやモダン・ジャズの話などする。モダン・ジャズにはこちらも一家言あるからバド・パウエルがどうのセロニアス・モンクがどうのという話になる。噛みしめるように話すので口数は多くないが、はにかんだような笑顔がよかった。

ある日、ポリドールを辞めて作曲家として独立しようと決めていた時期だったと思うが、ポツンと「今度の土曜日、自由が丘のジャズ・クラブでピアノを弾くんだけれど……」というので聴きに行ったことがある。たしかにフォービートのジャズなんだが、時折リズムパターンを変えてポップなメロディーがかぶさってくる不思議なピアノだった。胸に響いたので、「凄くいいよ」と手を取っていったら「そう」と、はにかんだ笑顔が返って来た。

それから渡辺栄吉は筒美京平となり、日本の音楽シーンのど真ん中に登場する。ずっと彼の仕事ぶりに注目していたが、彼がいしだあゆみ「ブルー・ライト・ヨコハマ」でオリコン一位を取ったころは、こちらは浅川マキのデビュー時期だったりして、その辺から疎遠になっていた。

六本木のＳＯＮＹスタジオの裏にあった京平さんの事務所に、久しぶりに会いに行った。顔を見るなり「桑名くん、いいヴォーカルね」から始まって、「松本隆を小杉ちゃんに勧めたのも、ぼくよ」とつづき、「桑名くんを松本隆とやりたい」という話になった。堺正章「さらば恋人」や尾崎紀世彦「また逢う日まで」など数々のヒット曲を生み、太田裕美「木綿のハンカチーフ」

は百万枚を超えている。その筒美京平が、「桑名くんで、日本語のロックをやりたい」という。「一日考える時間を下さい」と別れてから小杉に電話をしたら、もう松本もその気になっているというので、出来あがっている話だとわかった。桑名に話すと、「このまま尻尾を巻いて大阪に帰りたくないし面白い話だと思うけど、出来上がった曲次第やなあ」という反応だった。

で、出来上がった曲が「哀愁トゥナイト」である。京平さんの仮アレンジで聴いた。

あなたはマッチを吹き消して　タバコをすう手が決まってる
ぬくもり重ねたあなたとは　別人みたいに醒めた顔　醒めた顔
空々しいよ　今夜出会えてよかったなんて　哀愁トゥナイト　哀愁トゥナイト
男と女　抱き合う前まで　揺らめくけれど　哀愁トゥナイト　哀愁トゥナイト
カラダ離せば　ココロ寒々　冷えるだけ

一番だけで六十秒を超える、それもこれだけのコトバ数。メロディ展開もリズムもロックしている。「これをうたえるのは桑名しかいない」と思った。同時に、「これは行ける」と小杉と眼を見交わした。桑名も挑戦欲が湧いたらしく、「アレンジは、誰?」とか訊いてくる。

メインの曲が決まったので、アルバムも同時発売したい、と曲作り曲集めが始まった。松本・筒美コンビは、「哀愁トゥナイト」以外は「フェアウェル・モーニング」「サマー・スウェット」「さよならの夏」の三曲。松本・桑名で「恋とブギウギ」、桑名作詞曲「醒めたユメ」、下田・桑名で「いつも僕が想うこと」、南佳孝作詞曲で「これで準備OK」など十曲が揃った。

「哀愁トゥナイト」からレコーディングが始まった。アレンジは、萩田光雄。ミュージシャンは、高中正義（ギター）、後藤次利（ベース）、高橋ユキヒロ（ドラムス）、斎藤ノブ（パーカッション）と生きのいいのを揃え、音録りから桑名はノリノリだった。

シングルもアルバムも写真はデビッド・ボウイを撮った鋤田正義。「やるからには」と、桑名が八月七日生まれの獅子座だったところから「若き獅子王」などとネーミングして「ニューミュージック」の壁を破るようなプロモーション展開をすることにした。

七七年六月五日シングル「哀愁トゥナイト」、七月五日アルバム『MASAHIRO Ⅱ』をリリース。「歌謡ロックのスター誕生」とか騒がれて、「哀愁トゥナイト」は、オリコンのランクも二十位といいスタートで徐々に上がっていく気配。アルバムも、初回の五千を消化して追加注文が来はじめた八月、何日だか忘れたが夜中の一時過ぎ、電話が鳴った。

「こんな時間に誰だ」と受話器を取ると、「おまえは、桑名を歌謡曲歌手にしやがったな！」と内田裕也の酔った大声が耳に飛び込んできた。「裕也さん、桑名はロックやってると思いますよ」「何がロックだ！　売れれば何でもいいのか、この裏切り者！」とのしかかってくる。「裕也さん、ロックに形はあるんですか。ロックはロック・スピリットがあるかどうかじゃないんですか」と切り返したらガチャンと電話が切れた。

九月に入って、「哀愁トゥナイト」の二十万枚の大台が見えたところで、桑名が大麻とコカイン使用で逮捕され、西麻布警察署の留置所に入れられた。新聞に大きく出たこともあって、RCAもモス・ファミリィの電話も鳴りっぱなしになる。

音楽工房モス・ファミリィはりりィがブレークして洋菓子のル・コントビルが手狭になったので、六本木アマンド洋菓子店裏手のスプリーム・マンション三階に移っていたから、西麻布警察とは目と鼻の先ほどの距離である。

浅川マキとりりィ同様、ファニカンのころから桑名らの私生活には干渉しないという主義はモスのスタッフにも徹底していたので、関麻（関東麻薬取締部）の聞き込みにも心配はなかったが、モスの事務所の隣が桑名を可愛がってくれている勝新太郎の「勝プロ」なので、コカインの出所捜査などで迷惑をかける羽目になった。

一週間ほどして接見禁止が解けたので面会に行った。事件のことは話せないので、「何か、欲しいものはあるか」と訊いたら「うな重が食べたい」という。「わかった、明日、さし入れするわ」と約束したら、桑名が少し笑って、「お礼というわけじゃないんやけど、いい歌が出来ましてん」と口ずさんでくれたのが、「月のあかり」の原曲だった。

あたまはラララだったが、サビの、「ふり向くな　この俺を　涙ぐんでいるから／長い旅になりそうだし　さよならとは違うし／この街から　出て行くだけだよ」はほぼ出来ていた。小声だったが、うたい終わるころあいで立ち合い警務官が「時間です」とバタンとドアを閉めるような声を出した。

桑名は十日ほどで出てきた。下田に「月のあかり」の話をしてあったので、桑名にすぐ連絡するようにいった。桑名の父親がいい弁護士をつけてくれたが、保釈中にコカイン常用の証拠隠蔽を図ったとして懲役二年執行猶予三年の有罪判決を受けた。

マスコミ各社と約束していたのでRCAの大会議室で記者会見をした。五十人ほど新聞や週刊誌の記者が集まっていた。その席で、「社長、一言《ひとこと》」と声がかかったので、「桑名はじゅうぶん社会的制裁を受けています。桑名は限りない才能を持った男です。罪を憎んで人を憎まず、という言葉がありますが、どうか桑名の才能の芽を摘まないでほしいのです」と頭を下げた。

桑名は大阪に帰り、誰彼なく知り合いのバンドのライブに乱入して、弾き語りで「月のあかり」をうたって、その場をかっさらっているなんて噂が届いていたが、謹慎の姿勢は貫いているようで安心した。

裁判から半年も経ったころ、小杉理宇造から「話があるから」と電話がかかってきた。京平さんや松本隆からの要請もあって、「桑名カムバックのアルバムを作りたい」と驚く話だった。発売禁止にはならなかったものの、シングル「哀愁トゥナイト」やアルバム『MASAHIRO Ⅱ』では散々迷惑をかけたRCAの社内の意見でもある、という。

それに、桑名は執行猶予中の身でもある。が、「記者会見の寺本さんの話が良かったんじゃないかな。マスコミも比較的好意的みたいですよ」と笑った。

桑名を東京に呼んで小杉の眼の前で、「月のあかり」をうたわせた。「シングルじゃないと思うけど、これ、アルバムの柱になる名曲ですよ」といってくれた。桑名も夢が繋がったようで久しぶりに明るい顔で帰って行った。

その二日後。裁判所でたびたび顔を合わせていた桑名の父親、桑名正晴（桑名興業社長）から、「話があるから大阪に来てくれないか」と電話があった。指定された北新地のクラブに行くと、あたまから「この事件を契機に音楽の仕事から足を洗って、桑名興業の跡取りとして大阪に腰を据えてもらいたいと思っているのだが、あんたは何を考えているんだ？」と問い詰められた。

「このまま音楽業界から引退するなど、世間の思うツボで悔しいじゃないですか。正博さんの才能が花開くのはこれからだと思っています。RCAも、もうひと勝負したいといってくれてますし」とコトバを切ったら、「だったら、日本一に！」と正晴氏はわたしの眼を見つめていいった。つい話の勢いで「はい。わかりました」と答えていた。

そのあと機嫌のよくなった正晴氏が若いホステスに、「社長、あの歌うとうて」とせがまれてピアノ伴奏でうたった「My Way」には驚いた。むろん、ポール・アンカの原詞のままの英語でうたうのだが、深いところから出てくる声もいいし、歌のつかまえ方がシナトラに聴かせたいほど見事だった。桑名正博に流れている血を感じた。

間もなく、桑名カムバック・アルバム『テキーラ・ムーン（Tequila Moon）』のレコーディングに入るのだが、ひとつ目論見があった。桑名は、ファニカン時代からバンドのリード・ヴォーカル・ポジションがいちばん似合うロッカーだったし、レコーディングしたそのままの音を持ってライブ展開をしたい強い思いもあった。

で、桑名と何らかの繋がりのあるミュージシャン是方博邦（ギター）、新井清貴（ギター）、東山光良（ベース）、難波正司（キーボード）、まとめ役として林敏明（ドラムス）で、「KUWANA MASAHIRO & TEAR DROPS」を結成した。

レコーディングに入るまえから七八年七月五日にシングルとアルバムの同時発売を決めていた。松本・筒美作品が、「薔薇と海賊」「キャディラック」「毛皮のビーナス」「満潮《みちしお》」。松本・桑名作品が、「セントラル・パーク」「ダンシング」。下田・桑名作品が、「オン・ザ・ハイウェイ」「月のあかり」。松本＋細野晴臣作品が、「しらけちまうぜ」の一曲。

松本・筒美作品の四曲は、歌コトバとして松本の物語世界が展開され、他の五曲は桑名の心情世界が色濃く出て、二つの世界がぶつかりあっている気がした。リード役のシングルは「薔薇と海賊」。

港に錨を投げた　都会は　夜の帆掲げた　海賊船さ
鴎を漁った店は「ジャマイカ」　ラム酒をあおって　酔いつぶれてた
Ｒｏｓｅｙお前は優しい娘だったよ　Ｒｏｓｅｙ朝まで介抱してくれたっけ
男は荒くれ　海賊なのさ　女をさらって　海に旅立つ
行き着く港が「不幸せ」でも　ベッドに薔薇を　しきつめてくれ

「月のあかり」をシングルに、という想いは残ったが、カムバック後は松本・筒美作品で行くと決めていたので、桑名の超人的ともいえるロック歌唱に賭ける覚悟だった。
桑名正博のカムバックシングルは「薔薇と海賊」。あたりの風をかきまわすように登場した写真家・加納典明に「おとこ桑名」を撮ってほしくてと上半身裸のジャケット・アルバムにした。

『テキーラ・ムーン』はすぐには数字が伸びなかったが、話題は拡散し、「平凡パンチ」や月刊「明星」で取り上げられた。

シングルは松本・筒美作品で、七八年十一月「サード・レディー」、七九年四月の「スコーピオン」とつづく。とくに、「サード・レディー」は十万を超えかなりの女性ファンを獲得した。ライブ・ツアーもプロモーター「ソーゴー東京」と組んで、「桑名正博&ティアー・ドロップス」で全国展開した。が、関西地区では「月のあかり」でもどってきたファニカン・ファンの男たちから「薔薇と海賊」や「毛皮のヴィーナス」をうたうとブーイングが起きたりした。

アルバムは七九年一月二十五日に初ライブ盤『Road Machine』（七八年十月二十日 渋谷公会堂ライブ録音）、七九年六月二十一日に松本と桑名を組ませたアルバム『KUWANA №5』（ロスアンゼルス録音）をリリースした。


一九七九年三月ころだったと思う。小杉が、カネボウ化粧品のキャンペーン・ソング・タイアップの話を持ち込んで来た。この上、テレビ・コマーシャルがらみの歌などやったら、ロック・アーティスト桑名正博のイメージはますます歌謡曲寄りになり、ファニカン・ファンばかりじゃなく、内田裕也に殴り込まれるかもしれない、と思った。だが、前の年の化粧品会社とのタイアップ・ソング「君のひとみは一〇〇〇〇ボルト」（堀内孝雄）、「時間よ止まれ」（矢沢永吉）がビッグ・ヒットしていたこともあり、ここで、カネボウ化粧品とのタイアップ・ソングをやったら、桑名の父親と約束した「日本一に！」が出来るかもしれないという誘惑のささやきに負けた。このためにヒット・メーカー筒美京平、松本隆と組んで来たのではないかと自分にいい訳をして、小杉の話に乗った。

出来上がって来たのが、「セクシャルバイオレットNo.1」である。

さすが、だと思った。桑名正博&ティアー・ドロップス+戸塚修のアレンジで、オケが出来上がったあと、歌入れまえに、「うすい生麻に　着換えた女は／くびれたラインがなお悲しいね／ファッション雑誌を膝から落として／駆けよる心が　たまらないほど」から、「フッ・フッ・フッ　色っぽいぜ」に行くのだが、桑名が「うすい生麻って何ですのん」とか、「こんな女と付き合いたくないわ」などというから、挨拶もかねて東神奈川だったか、カネボウ化粧品工場に連れて行って、この口紅を作った人たちに松本の歌詞を見せて仮歌を聴かせ「どんな女《ひと》に使って欲しいですか」とたずねると、指差すように「こういう女の方たちです」と口を揃えていった。するとと桑名は「頑張ります」と見当違いの返事をした。

「セクシャルバイオレットNo.1」は、七九年七月二十一日に全国発売された。翌週にはオリコン一位にランクされ、五週トップを維持し実数で六十七万枚の売り上げを記録した。

たしかにこれで、桑名の父親との約束は果たせたのだが、ＴＢＳ『ベストテン』、ＮＴＶ『トップテン』、フジテレビ『夜のヒットスタジオ』とヒット歌番組があったりしてひとつ出たら他は断れない。タイツ姿でカーリーヘアの桑名とティアー・ドロップスのメンバーは四分三十秒のパフォーマンスのために、毎日のようにテレビ局を渡り歩く。桑名は、たとえ四分三十秒といえどもベストの演奏をしないと気が済まない。リハで音はどうの絵映りはどうのとこだわるから、バックヤードのスタッフたちも走り回ることになる。毎日が戦争だった。

「セクシャルバイオレット№1」のヒットで、全国の大ホールでツアーをやれるようになって武道館も二回やった。

一九八〇年三月に桑名正博はアン・ルイスと結婚。青山に月百二十万円のマンションを借りて住むことになる。むろん大阪の桑名興業からの役員報酬の送金があるからできる生活なのだが。

ただそのあと、制作したレコードは桑名がセクシャルから離れたい思いなのだろう、京平さんからも距離を置き自作曲にこだわるようになって、出すレコード全てがセールス・ダウンするようになっていた。

一九八一年九月、満を持してブリジストン・タイヤのタイアップもつき、「追跡ハートエイク」（詞・糸井重里、曲・桑名正博）をリリースした。

ところが発売五日目の夜、桑名はモデルをしていた十九歳の女性ファンの高輪の家に行き、よく覚えていないというが、強制わいせつ致傷で告訴され逮捕された。結局、示談になってことなきを得たのだが、マスコミの格好の餌食となってブリジストンのＣＭは放送中止。電通から五百万円の賠償金の請求が来た。

　桑名の父親から金を借りたり、イルカの共同原盤分の権利をユイ音楽工房の後藤由多加に譲渡したりしてなんとかその場はしのいだが、これで「私は泣いています」のヒット以来、最盛期には社員アルバイトを含めて三十二人をかかえる会社になっていた音楽工房モス・ファミリィは解散の方向へ舵を切らざるをえなくなる。

　アン・ルイスは桑名と離婚してハワイに移住。マスコミの前で、「罪を憎んで、人を憎まず」なんてことを何度もいって桑名の才能を庇ってきたが、「人間そのものを商品にするような商売だけはやりたくない」と思うようになった。

イルカと「なごり雪」

イルカを初めて見たのは、一九七四年の春だった。ユイ音楽工房の後藤由多加から「シュリークスのイルカをソロでデビューさせたいので見てくれないか」と電話が来た。「シュリークス」は、後藤の後輩にあたる早稲田大学フォーク・ソング・クラブの神部《かんべ》和夫が六九年に結成したバンドだが、メンバーチェンジをしていまはイルカとのデュオになっている。「カレッジ・フォークなんてものから、ほど遠いところで仕事をしているのに、何で?」という思いもあったが、ユイ音楽工房コンサート制作部に、りりィ&バイバイ・セッション・バンドが世話になっていることもあって神田共立講堂へ足を運んだ。

神部と並んでギターを弾きながらうたっているイルカは、黒ずくめのムーミンみたいだった。が、彼女の歌を聴いて引き込まれた。七十パーセントほどしか出していないのに遠くまで響く声。フォークソングなのにスイングするリズム感。一曲聴いただけで隣の後藤に「いいね」といったら、おうむ返しに「いいでしょう」と返ってきた。

神部とイルカは結婚している。神部はイルカをソロとして独立させて、イルカのプロデュースとマネージメントにまわる話で、「寺本さんと組んで、プロデューサー修行をさせたいんです」「何で、おれなの?」「だって、寺本さんは女性歌手専科じゃないですか。神部の希望でもあるんです」と逃げられない話になった。ユイ音楽工房と音楽工房モス・ファミリィの共同原盤制作でクラウン・レコードからデビューさせることになるのだが、後藤の話には裏があった。

後藤は、「かぐや姫」の伊勢正三の作家能力を高く評価していて、イルカと組ませたいと考えていた。アルバム『三階建の詩《うた》』（かぐや姫）にシングル化されていない、「22才の別れ」と「なごり雪」が入っていて、まだ漠然とだったが、「22才の別れ」は伊勢の新しいバンド「風」でやり、「なごり雪」はイルカにうたわせたい思いがあった。

だが、ソロになったとしても、イルカにはイルカの表現したい歌世界がある。ちょっとオーバーだが、「売らんかな」の姿勢で、他人《ひと》の作った歌をうたうのには抵抗があるはずだ。イルカの歌世界も大事にして、イルカでしか表現できない伊勢正三の歌をうたわせるには、浅川マキを寺山修司と組んでデビューさせたプロデューサー寺本幸司の手腕が必要だと後藤は考え、売れないバンドの悲哀を知っている神部も同調したのだろう。

あらかじめそこまで深読みしたわけではないが、難しい仕事だなあ、とは思った。だがイルカの父親がジャズバンド「スターダスターズ」の人気テナーサックス奏者・保坂俊雄とわかり、母親がもともとモダン・ダンスのダンサーだったと聞いて、両親のＤＮＡを引き継いだヴォーカリスト・イルカに二度惚れした気分だったので、やることにした。

一九七四年十月二十五日、イルカは「あの頃のぼくは若すぎて／君の気まぐれを許せなかった」から始まる、「あの頃のぼくは」（詞曲・伊勢正三）でクラウン・レコードからデビューした。

フォーク畑では、「ぼく」とか「君」とか、男を主人公にした歌を女性がうたうことがよくあるがあまり好みではなかった。しかし、イルカの七十パーセントの声で、温かいものを包むようにうたう「ぼくと君」には好感が持てたし、伊勢正三の描こうとした物語世界がくっきりと風景になって見える気もした。

それが一年後に出した「なごり雪」のヒットに結実するのだが、その前にイルカの世界をイメージしたアルバム制作に取りかかり、「かぐや姫」の南こうせつに「しあわせの国へ」という曲を書いてもらった。

青い空の白い雲　どこへ流れてゆくの
きっとすてきな　花の国へ
お嫁に行くのでしょう
今日も私は　ひとりだけど
涙見せずに
ふんわり流れる雲に乗って

しあわせの国へ

女子美術大学出のイルカが描く絵のようなこの作品が、シンガー・ソング・ライター「イルカ」のヒット曲「サラダの国から来た娘」が生まれるきっかけとなり、絵本作家イルカのデビュー作『ちいさな空』（小学館刊）へとつながって行くことになる。

「なごり雪」は、一年近くかけて百万枚を超える大ヒット曲になる。それは、イルカが積極的に全国規模のライブをやることで、「なごり雪」が彼女の歌世界と溶け合い、イルカの歌としてて広がっていったことを意味する。七六年六月二十五日にリリースした『イルカ・ライブ』は、デビュー曲「あの頃のぼくは」や「なごり雪」も、「クジラのスーさん空を行く」「サラダの国から来た娘」も入っていて、初期のイルカ・アルバムのベスト盤といっていい出来で、あっという間に十万を超えるセールスを記録した。

七七年一月、イルカ初のロスアンゼルス録音。りりィや桑名正博でも組んだコーディネート・チームを使って、神部プロデューサーが希望するラス・カンケル（ドラムス）、リー・スカラー（ベース）、デビッド・リンドレー（フィドル）ら大物ミュージシャンを揃えてアルバム『植物誌』を完成させた。そのアルバムに、伊勢正三書き下ろしの、

化粧する君の　その背中がとても　小さく見えて　しかたないから
僕はまだ君を　愛しているんだろう　そんなことふと思いながら
窓の外は雨　雨が降ってる　物語の終りに　こんな雨の日　似合いすぎてる

と始まる「雨の物語」が入っているが、これは正やん（伊勢正三とは、正やん寺さんと呼び合う仲になっていた）と打ち合わせて出来上がった曲で、木田高介のアレンジもいい感じだった。イルカも見事に伊勢正三の歌世界をうたいあげてくれた。

ちなみにいま『植物誌』のレコード・ジャケットを眺めてみると、『イルカ・ライブ』ではわたしはゼネラル・プロデューサーだが、ここではディレクターになっている。むろん、プロデューサーは神部和夫。

三月二十五日シングル「雨の物語」はリリースされヒットチャートを駆け上った。一カ月後、アルバム『植物誌』リリース。これもイニシャル十万枚がつき好調なスタートを切った。

七九年、伊勢正三はイルカのために「海岸通」を書き、これもヒット曲となっている。その後、イルカがシンガー・ソングライターとして、ＳＴＡＲへの階段を駆け上がっていく話は省くが、イルカの歌でいちばん好きなのは、いつもライブの締めにうたう「いつか冷たい雨が」である。この歌を聴くといつもイルカに逢いたくなる。

雪が降る駅の片すみで　だれにもいたずらされない様に
うずくまっている年おいた犬
パンをあげても　見てるだけ　時が来れば汽車に乗る私
泣く事の他何もしてあげられない　私

広い道路の真中で　ひかれてしまった　みけ猫
その上を　何台もの車が通りすぎていく
思わず目をとじてしまった　私を許して下さい
みんなだって　そう思っていると信じたいのです

「牛や鳥やおさかなも　人間の為にあるのよ」

「さア残さずに食べなさい」
そんな風に言うおかあさんにはなりたくありません
でも私だって食べて育ってきたのだし　虫だって殺した事もあります

だから　だから　お願いです　もう役に立たなくなったら
捨ててしまったり　自分本位でかわいがったり
小さなオリに閉じこめて　バカにしたり　きたながったり
「人間だけが　えらいんだ」
なんてことだけは思わないで下さい
人間以外のもの達にも　もっとやさしくして下さい
同じ時を生きているのだから　朝が来れば夜も来るし
産まれて　そして死んで行く
私が　土になったら　お花達よ　そこから　咲いて下さい

木田高介の生と死

「ウィキペディア」を開く。

木田高介（1949年1月18日～1980年5月16日）は、鍵盤楽器、弦楽器、管楽器、打楽器など、多様な楽器を扱うミュージシャンであり、編曲家。本名は桂重高。新潟県に生まれる。（略）新潟県立新潟高等学校を経て和光高校卒業後、東京藝術大学音楽学部打楽器科に入学。在学中にジャックスに参加した。ジャックス解散後は、編曲家となり、「出発（たびだち）の歌」（上條恒彦）、「神田川」（かぐや姫）、「私は泣いています」（りりィ）、「結婚するって本当ですか」（ダ・カーポ）など数々のヒット曲を手がける。1975年から1980年の間、ザ・ナターシャー・セブンに参加した。その後、ソロ活動を始めた矢先、交通事故で死去した。

浅川マキを世に出せたのも作曲家でアレンジャーでギター奏者であった山木幸三郎と出会ったからで、もしも木田高介に出会えていなかったらシンガー・ソングライター「りりィ」のサクセスはなかったかもしれない。

まだスリーコードしか知らないりりィの作った曲を、見事なアルバム『たまねぎ』に仕立て上げてくれたのも木田高介だったし、一年二カ月後に発表されたアルバム『ダルシマ』に収録されたりりィのつくった名曲たちも、明らかに木田が引き出してくれたものだった。

『たまねぎ』は多様なアレンジでまとめてくれたが、『ダルシマ』ではロック色を強くして、「バイバイ・セッション・バンド」を生むきっかけをつくってくれた。

彼とやった『たまねぎ』『ダルシマ』『タエコ』『りりィ・ライヴ』と四枚のアルバム・ジャケットにはアレンジャー、演奏者としてしか名前が載っていないが、「サウンド・プロデューサー」あるいは「ミュージック・プロデューサー」は木田高介だと思っている。

だから、イルカと仕事するようになってからも、木田高介には伊勢正三作品のアレンジやライブ・アレンジなどいろいろやってもらった。

ともかく明るい気さくな性格で数々の名前の残るいい仕事をしているのだが、そんなことを鼻にかけることもなく「誰からも愛される男」だった。

七九年の秋も深まるころ、ジュン&ケイ企画室の田村広治から、「木田高介がナターシャ・セブンを辞めて東京に帰って来るのだが、モス・ファミリィでスケジュール管理をやってくれないか」という話が来た。むろん快諾して、りりィのデビュー時から木田のそばにいた篠崎伸之を担当にした。

りりィのヒット曲「オレンジ村から春へ」（資生堂化粧品タイアップ）で世話になった音楽制作会社「ＯＮ」の大森昭男から、木田高介のソロ・アルバムを作りたいという依頼が届いた。

木田に話したら、「できたら海外録音をしたい」という。ロスなら、モスと提携しているコーディネート・チームがいるから安くいいものが作れる。その提案も大森氏はＯＫしてくれた。

一九八〇年一月下旬から、ロスアンゼルスでレコーディングを始める。出掛ける前、木田がモスに来て、「まえ、寺本さんがロスでアメリカの運転免許を取った話、してましたよね。それ取れれば、日本でも運転できるんですよね」、「運転できるの？」、「田舎で運転したことありますから」、「なら、一週間教習所に通って、路上運転試験と筆記試験が通れば取れないことはない」と答えていた。「どうしても」というから、コーディネーターのヤッシー福井に面倒見てくれと頼み込んだ。レコーディングには篠崎伸之が同行する。篠崎にも、レコーディングの合間をぬって上手く教習所通いをさせてくれと指示した。

二月の中頃、木田高介はアルバム『DOG'S MAP & CAT'S MAP』を仕上げ、アメリカで取得した国際自動車運転免許も持って帰って来た。

「どうだった？」と篠崎に訊いたら、何度か木田の運転する車に乗せてもらったが、「下手じゃないけど、やたらスピード出すので怖かった」というので、木田が篠崎のフォルクス・ワーゲンを借りに来たとき、「絶対、制限速度を守るんだぞ。国際免許で事故なんか起こしてみろ。大変だからな」と話し、「わかりました」と約束させた。

四月二十一日、『DOG'S MAP & CAT'S MAP』はエピック・ソニーからリリースされた。ちょうどそのころ、イルカの「全国縦断リサイタルツアー」に木田も参加することになって、河口湖にあるMS（ミュージック・ステーション）のスタジオで合宿リハをやることになっていた。篠崎の車をよく借りに来ていたから篠崎に訊くと、何の車か忘れたが、木田は「スポーツタイプの新車を買った」という。

五月十八日木田高介はベースの阿部晴彦を助手席に乗せて、河口湖沿いの制限速度四十キロの県道を運転中、急カーブを曲がりきれず、ガードレールを突き破って河口湖に転落した。二人とも即死だった。警察は時速八十キロを超えていたと発表した。

スケジュール管理だけだといっても、木田高介は音楽工房モス・ファミリィの所属アーティストである。まず阿部晴彦の家に行った。阿部は大学を出たばかりの二十二歳。はじめてプロのミュージシャンとして、イルカの全国縦断リサイタルツアーに参加するはずだった。両親と三人で日野の公団住宅に住んでいた。お見舞いを持って玄関のブザーを鳴らしたら、「会いたくない」という返事。三度通った。三日目にして、「お線香だけでもあげさせて下さい」といったら母親が玄関のドアを開けてくれた。奥の白木の仏壇の前に父親らしき人が下を向いたまま座っている。ただ深々と頭を垂れて焼香をした。母親は最後までわたしの顔を見なかった。

ここでもう一度、ウィキペディアを開ける。

事故から一ヶ月後の1980年6月29日、日比谷野外音楽堂で「木田高介・阿部晴彦追悼コンサート」が開かれ、一万人近くのファンが集まった。この日は明け方には地震があり一日中、雨模様であった。北山修（自切俳人）が泣きながら「帰って来たヨッパライ」を、オフコースは、「いつもいつも」をアカペラで、吉田拓郎は「アジアの片隅で」を披露した。またかぐや姫は一日限り再結成した。

参加ミュージシャンは以下の通り：ザ・ナターシャー・セブン（高石・坂庭・城田と石川鷹彦）、オフコース（小田・鈴木・大間・清水・松尾）、かぐや姫（南・伊勢・山田）、風（伊勢・大久保）、五つの赤い風船（西岡・長野・東・藤原）、吉田拓郎、小室等、遠藤賢司、斉藤哲夫、下田逸郎、かまやつひろし、イルカ、りりィ（国吉良一＋土屋昌巳）、はしだのりひこ、ダ・カーポ、山本コウタロー、五輪真弓、加川良、沢田聖子、ダウン・タウン・ファイティング・ブギウギ・バンド、金子マリとバックスバニー、チャー、スピードウェイ、スクランブル・エッグ、上条恒彦、倍賞千恵子、吉川忠英、瀬尾一三、岡本おさみ、喜多条忠。

エピソード：木田の葬儀に参列した五輪真弓が、木田の妻の悲嘆ぶりを目の当たりにし、それを基にして作った楽曲が彼女の代表作となる「恋人よ」であった。

第四章　ロング・グッドバイ

浅川マキの死に方

二〇〇九年十一月も師走にまたがろうとするころあいに浅川マキから手紙がきた。四百字詰め原稿用紙にマキらしい流麗な文字が躍っていた。

寺本幸司様
何やら久しくお手紙をすることなくて、日が経ち、心苦しく思っていました。

はや、暮れ、御多忙か、と察する、いま。

それにしても、多々のことがありましたね。

「時代に合わせて呼吸する積《つも》りはない」

もう、ずっと以前に、原田芳雄さんが、電話の向こうで、おっしゃった一言《ひとこと》。

それは、浅川マキという歌手への、実は、応援歌、或いは情況を察しての（私は、悩みなど言ってはいない〜のに）鋭い一行だったのか……。

それもこれも、寺本さんに出会（逢）った、人生のなかから、と記してもいいのでしょうね。

ほんとうに、ありがとう！

そういえば、雑誌の編集者（せなまる舎・ＯＢ（笑））西村芳久氏（ライブにいつも来てくれている）が、話していました。

「寺本さん、いい男ですね、憧れちゃうなあ、で、カッコ、いい！」

何だか、やっぱり嬉しかった。

どんなときでも、自分自身が見えなくて、

「でも、おまえは『年齢《とし》とブス』を忘れていろ」と言う寺本さんの言葉が、
いま、シミル、シリアスだ、なあ。

いまは、静かな夜
ちょうど、いい季節
誰も知らない、抜け道を
急ぐ
あなたが見える
自分にさえも、さよならした
あなたの背中が行く

もう
愛さないの
闇を駆ける　さすらい人《びと》

感謝。

浅川マキ
平成二十一年十一月吉日

浅川マキの棲む麻布仙台坂下のワンルーム・マンションの部屋から、あれほどあった本や雑誌、レコードやCD、ビデオの類《たぐい》がなくなっていると聞いていたので、彼女の好きな言葉、「店仕舞《じま》い」を始めているんだなあ、とは思っていたが、手紙のなかに何か覚悟のようなものが見えて、なんども読み返した。

その年の十二月二十九日、毎年、年の暮れにやるピット・イン「浅川マキ・五夜連続公演」の四日目に行った。もう長いこと、「ひとりの客として観たいから」とチケットを買うことにしていた。いつもは客入れまえの楽屋に顔を出すのだが、予約名簿でマキは来ることを知っていると思ったのでビデオ・カメラ抱えているタムジンに「どう？」「今年のマキさん最高ですよ。いい絵撮れてます」なんて話しながら、はじまるのを待った。

ピット・インのスタッフに手を引かれて（マキの左眼は視力を失い、右眼もかなり悪い。なのに、サングラス）紅い薔薇を片手にステージに辿りついたマキを見て、驚いた。躰もしぼって三十年も前に作ったロングドレスがフィットしている。染めた黒髪も光沢がある。誰かの差し入れの薔薇をピアノの上のいい位置に横たえマイクを取った。ゆっくりフロントまで出て来ると最前列の客の足もとを確認する仕草があって、いつものセリフ、「よく来たわね」の一声《ひとこえ》で、どっと歓声が上がる。昔のように「マキーっ」という声はかからないが、すぐさま舞台と客席が一体化した。

いつものようにアカペラから入ってピアノの渋谷毅を呼び上げふたりでからんだ後、ドラムのセシル・モンローを呼び、三人で「ジンハウス・ブルース」など渋めにやった。

それから植松孝夫（サックス）と向井滋春（トロンボーン）が加わって「アメリカの夜」で一気に盛りあがる。

声も出ている。低音に響きと深みがある。だから、歌のコトバが生きる。何よりも、間奏で演奏者の音を聴くときの慈《いつく》しむような顔がいい。いつものロングピースに火を点《つ》けて煙を吐きながら、「もう四小節、お願い」と合図する。いつの間にかこちらも浅川マキと同じ表情気分になって、音の波に揺さぶられる。

二ステージ目もよかった。客と同じ耳と眼で（招待を断ってチケット買うようになってから手に入れた境地だが）マキの歌を聴いて満足した。ただ、もう三十年も一緒にやっている渋谷毅が、曲によってだが何かひとつキメが弱く浮いた感じが気になった。

終わってからしばらく人が楽屋を出入りしているので、いつものことだが、おさまったころあいに楽屋へ行った。

「よかったよ」とコトバをかけると、

「わっ、寺本さん！」と明るい声が返ってきた。

「ドレスがカラダにフィットしているので驚いたよ。大変だったろう」「ううん、カラダはなんとかなるけど、ブーツに合わせるために脚を細くするのが大変なのよ」なんて話から渋谷毅のことになって、「うん、そうなの。何かあったのかしらね」、年明けの一月、名古屋「ジャズ・イン・ラブリー」に「渋谷さんとセシルで行くんだけど……」という。「いつ？」「一月十五、十六、十七」「行くよ」と約束した。

話の流れだが、三十年の歴史のある名古屋の老舗ジャズ・クラブ「ジャズ・イン・ラブリー」でマキを観て聴いてみたかった。「えっ、ほんと、来てくれるの？」とマキの声が耳に残ったまま二〇〇九年は暮れた。

一九七四年の山下洋輔トリオと四つに組んだアルバム『ＭＡＫＩ Ⅳ』あたりから、りりィや桑名の仕事で忙しくなったこともあって、関根由紀子と新しくマネージャーになってくれた谷古宇（吉井）広光《ひろみ》にマキを任せきりになった。前から問題のあった眼を手術したことを聞いても、会うことはなかった。

そのころのことを、「浅川マキを聴く会」を熊本でやっていた福元萬治の出版社「石風社」から出た『こんな風に過ぎて行くのなら』でマキは書いている。

そして、それはまた、寺本幸司さんと仕事をすることがなくなって何年か経ったときでもあった。それでも寺本さんは、ときにはライブの場に現われて確実なアドバイスをくれたりした。だが、目の手術を終えてから三年がすぎても寺本さんと出会う事はなかった。

そんなある日、一通の葉書が届く。

前略　突然の酷暑到来。窓にカアテン閉めて閉じこもっているのかな。さて、要は格好悪い浅川マキは嫌だと云うこと。眼のこと、生活のこと、音のこと、男のこと、色々あろうが生きることもすでに貴女にとって舞台であること。それも不幸な星と言えぬこともない。自愛を。

寺本さんは酔っている。達筆で書きなれた字が踊っている。両手で葉書を持って読み返すわたしの指先も少し揺れている。少しだけ離して見ると一枚のイラストのように見えた。

浅川マキと距離を置くようになったのは、マキが金沢のバンド「めんたんぴん」の仕掛け人、柴田徹と公私ともに組んで、アルバム『流れを渡る』（七七年）あたりからいい仕事をして行くようになったこともあった。ちょっとジェラシー気分はあったが、いい感じでバトンタッチができたとも思っていた。

八二年、浅川マキが近藤等則とアルバム『CAT NAP』を作ることになり、柴田ではとても近藤をコントロールできないと判断したのか、マキから電話があって七年ぶりのプロデュース仕事が回ってきたこともあった。だが、八三年のアルバム『幻の男たち』から東芝EMIのトップに立った石坂敬一がプロデューサーになり、中曽根純也がディレクターに名を連ねるころから、マキの動きを安心して見ていられるようになった。このふたりのコンビで作った八七年のアルバム『こぼれる黄金《きん》の砂』は、いま聴いても興奮する。

二〇一〇年になった。その一月十六日土曜日。浅川マキ三日間公演の中日にあたる名古屋栄の「ジャズ・イン・ラブリー」へ行った。

　開演時間まで近所の焼鳥屋でほどよく飲んでカラダを暖めてから出かけた。満員札止め状態だったが、マキの配慮で名前の書いたチケットが置いてあった。ワンドリンク付きで六千五百円だった。いつものくせで頭で計算する。店のとり分ドリンク代含め二千五百円を引いて七十×四千で二十八万。渋谷とセシルの分を引いても二十万残る。昨日も明日もソールド・アウトだというから、マキには六十万ほど入ることになる。「これで半年近く暮らせるなあ」なんて思いながら、客席うしろ通路ぎわの立見空間にもぐりこんだ。

　もともとラブリーは料理自慢のジャズ・クラブである。ステージ正面の大きな大理石のテーブルには、囲むように坐っている客のまえにワインのボトルや食べかけの皿が並んでいた。ここに来てジャズを聴きながら美味しいものを食べて飲む。そんな常連客が多い店だとは聞いていたが、開演を待つ間にも特別な時間を楽しむゆとりのようなものが客の表情にうかがえた。ステージに立つ者はいい意味で緊張感を与えられるだろう。手抜きの演奏はすぐ見破られる。こんな店は東京にはない。三十年間も地元のジャズファンに愛されている存在理由を垣間《かいま》見た気がした。

　浅川マキの歌は新宿ピット・インとはまるで違った。ステージのマキの立ち姿も歌そのものにも一本、縦の筋が入ったような張りがあった。音も照明《あかり》もひとつの隙もない。客の眼に耳に挑戦するかのようなステージだった。

一部の「セントジェームス医院」。これまで、何十回も聴いたが、この夜のものがいちばんだった。渋谷毅のソロに聴き入りながらタバコに火を点ける仕草にも完璧なスタイルがあった。渋谷のピアノがただ見えるものから奥の秘められた場所に至ると、ふっと軽い笑みを浮かべる。客はマキの表情からすべてのものを見てすべてのものを聴く。タバコの火を消すとピアノの音の隙間にあるリズムを捉まえて歌に入る。客のため息が耳元で聴こえた。

小休憩のあとの二部あたま、ドラムのセシルとかけあいでうたう「ポジション・オブ・セッション」も凄かった。セシルの足の裏から腰に這い上がってくるリズムに乗ってマキは縦横にうたう。歌が生きもののように伸び縮みする。セシルがそれを縫い合わせて行く。客はまるで小舟に乗って水面で揺れているように頭を浮き沈みさせている。

客受けする笑顔はひとつもなかったが、三曲もアンコールをやった。この夜の最後にやった「さかみち」（詞曲・浅川マキ）は、アルバム『MAKI LIVE』のラストの曲で幕引きにはいい曲だった。そんな個人的な思いもあっていまも胸の奥底から消えない。

終わって客の少なくなった大理石のテーブルに移って余韻を噛みしめるように赤ワインを舐めていると、マキが舞台衣装のままテーブルつたいにやってきて横に坐った。何人かの顔見知りの客が挨拶にくる。何枚かCDにサインをする。

ようやくふたりになったとき、マキの前にまかないの料理皿と水が置かれた。

「何、それ？」

「野菜たっぷりのチャーハン。野菜食べなさいと気を遣ってくれているのよ」

スプーンに少し盛って口に持っていく。ピット・インで見たような明るさがない。何か考え込んだ表情のままスプーンを傾けている。

「凄いステージだったな。疲れたただろう」

「ここは手を抜けないから」とちょっと笑ってから、

「渋谷さんどうだった？」

「深い音が出ていて最高だったよ」

「そうでしょう」と満足げに頷いた。

話がはずまない。冗談をいう空気でもない。

「おれ、久しぶりの名古屋だからもう行くわ」と立ったら、いつもだったら引き止めるコトバのふたつみっつあるのだが、

「そうやって、いつも逃げるんだから」と顔をあげた。

そのサングラスの奥の眼に、

「明日も頼むよ」と声をかけて店を出た。

翌日、大須観音に参拝し吉田屋の味噌煮込みうどんを食べて帰京した。夜、妻（沢チエ）と夕食をとってから、下北沢のジャズＢＡＲで月のうち二日ほどアルバイトをしている娘に会いに行った。娘のいるカウンターに並んで、妻はバーボン・ソーダ、わたしはモルト・ウイスキィのロック。呑みながら話の中心はずっと浅川マキのこと。沢チエは浅川マキと同じ小澤音楽事務所にいたころから、先輩歌手として尊敬と心配の入り混じった感情でいまもマキのことを想っている。娘も生まれたときからマキの歌が子守唄同然だった。

「どうだった？　マキさん」からはじまって、浅川マキの話ばかり。

ケイタイが鳴った。十時半くらいだった。

出ると、浅川マキが小澤音楽事務所を辞めて以来、サブ・プロデューサーからマネージャーのようなことを一身に引き受けて、マキの面倒を見てくれていた照明家の関根由起子からだった。

「めずらしいね、おゆきさん」といったら、

「マキが死んだの」という。

一瞬、息が止まった。苦しくなって大きく息を吸った。

「どういうことなの？」とようやく声が出た。

簡単なリハと照明《あかり》、座席のチェックなどあってかならず五時には入るはずのマキが来ない。六時になっても来ない。ラブリーの河合オーナーがホテルに電話をした。マキの部屋へ電話をしてもらう。が、出ない。部屋の鍵はかかったままだ。合鍵で開けるとチェーンがかかっていた。チェーンを切って入ってもらった。

マキは、湯に顔をつけたまま浴槽のなかでうつ伏せになっていた。すでに心肺停止の状態だったが、身体《からだ》が温かかったので救急車で病院に運ばれ、午後八時十三分死亡が確認された。

関根由起子の電話では、ここまで詳しくは伝わってこなかった。彼女のかつての同僚の男がラブリーの照明をやっていて、いち早く浅川マキの死を知らせてくれたという。

いったん電話を切って呼吸を整えた。こちらから関根に電話して、金沢の妹には連絡が取れるのか、二代目マネージャーをやってくれた吉井広光に連絡をとか、さまざまな指示をして、マスコミ関係はおれがやるから、とBARのカウンターにすがりながら話す。電話を切ってふたりの顔を見たらカウンターのなかの娘が、

「パパ。何だか、生き生きした顔してるね」という。いっている意味がわからなくて、ぽかんとした。

「いや、頭は混乱してるよ。でもな、昨日あんな凄いステージをやって、それも定宿にしているホテルの部屋で客が待っている時間に合わせるように死ぬなんて、出来るもんじゃない。だっ

てマキは一年に二十日もうたってないんだぜ。あの仙台坂下のアパートで死んでいたら一週間も見つからなかったかもしれない。だったら翌日の新聞は、『老女歌手孤独死』なんて見出しだよ。それを満員の客を待たせて死ぬなんて、こんないい方は変だけれど、いまおれは『マキ、さすがだよ。よくやった！』と褒めてやりたいぐらいなんだ」といった。

だが、その夜は、朝まで一睡もできなかった。


三月五日、新宿ピット・インで、「浅川マキがサヨナラを云う日」という告別イベントを行った。十二時から午後九時まで雨そぼ降るなか千二百人もの方々が来てくれた。

タムジンが撮った浅川マキの遺影の前、ひとりひとりに薔薇を献花してもらい、メモ用紙にマキに手向《たむ》けるコトバを書いてもらった。一年後、マキのあとを追うように逝ってしまった原田芳雄が薔薇を手に持ったまま何かマキに語りかけていた。

三日後森本家の菩提寺、金沢「養法寺」のマキの眠る墓の前で八百枚近い浅川マキへの手向けのコトバを妹の道ユミ子と一枚一枚燃やした。

桑名正博の一生

　桑名正博は、二〇一二年八月七日に五十九歳になる。「十九歳でデビューしたんやから、十月くらいには、『歌手活動四十周年記念アルバム』を出したい」という話は、ファニー・カンパニーをやめたあたりから桑名の面倒を見てきた海田敏明から聞いていた。

　海田俊明は小澤音楽事務所と音楽出版ジュン&ケイの関西支社的役割を果たしていた「ウエスト・ポイント」の代表で、桑名ばかりではなく浅川マキからりりィまで関西方面のプロモーションやライブ展開を阿吽《あうん》の呼吸でやってくれた仕事仲間である。

　もともと桑名の構想では、単なる過去の作品を並べるだけのベスト盤みたいなものでなく全国展開のライブをレコーディングし、「四十周年記念LIVEアルバム」を、と考えていたようで、二月の長崎、佐世保、熊本ライブは録音もしていた。

　その流れでファニー・カンパニー時代の作品も加えたい、とファニカン再結成に動く。桑名はファニカンのドラムス西哲也がオーナーの原宿「クロコダイル」で旗上げしようとファニカン解散時のメンバー、栄孝志（ヴォーカル、ギター）、ロメル・アマード（ギター）、辻宗一郎（ベース）に加え、西哲也推薦の元フラワー・トラベリン・バンド和田ジョージ（ドラムス）でバンドを再結成した。

六月八日クロコダイル、四十年ぶりの「ファニー・カンパニー再結成ライブ」公演。だが、わたしは外せないスケジュールがあって行けなかった。

その代わり七月四日の神戸「チキン・ジョージ」のライブには、神戸に棲む下田逸郎と行くことにしていた。海田敏明も来るという。


七月四日神戸「チキン・ジョージ」。ファニカンの前にやったバンドは七〇年代前半、日本のロックシーンの中心にいた「外道」。数十年ぶりの「外道」、ヴォーカル・ギター加納秀人のパワーは少しも衰えていないように見えた。

そのあとが、再結成ファニカン。あたまからいい出だしで「スウィートホーム大阪」などは時がトリップした感覚になって、おもわず立ち上がりそうになった。後半ロメルのギターがうまく絡まず、辻のベースも独りよがりの癖が出てイライラする桑名の表情が出始めて、ちょっと心配した場面もあったがなんとか収まった。

打ち上げを桑名の無二の友、在日のウメ（梅本）がやっている東大阪の店でやる、というので行く約束をした。下田と少し話し込んでから、海田とふたり最終電車でウメの店にたどり着いた。辻とロメルはいなかったが桑名を真ん中にして、栄、和田ジョージ、それと顔は知っているが名前が出てこない桑名の昔からの取り巻き連中。みんな出来上がっている感じにちょっとたじろいだが、栄が気を遣って桑名のはす向かいに席をつくってくれた。

だが桑名は話の腰を折られた風情《ふぜい》で、声高のまま「結局、ロメルも辻も、昔のまんまや。あれだけリハやったのにな。何年もブランクのある栄くんが頑張ったのに、あいつら音楽でメシ食っているプロやろ」とコトバを切って、乾杯もなしにハイボールを飲んでいるこちらの顔を見て、「そう、思いませんか？」と酔眼を向ける。

「う〜ん。あれがギリギリかもしれないけど、ロメルも辻もよくやったと思うよ」と答えた。これがいけなかった。桑名の眼がつり上がり、「おまえ、なにいっとんじゃ。おまえの眼は節穴か。耳くそ詰まってるんと違うか」からはじまって「おまえは、昔からおれを商売道具としてしか見てへんかった」「親父が貸した金は返したんか」とおまえ呼ばわりで寺本批判が始まった。まえにも何度かこんな場面があって桑名をなだめる役どころだったが、いまはこちらが矢面である。桑名の喧嘩テクニックで周りの者全員を味方につけて、ひとつひとつのコトバに合点《うなずか》させる。反論しようにも孤立無援だった。一時間近くつづいた。「また、病気が出たな」なんて客観的余裕もなく、「おまえ」呼ばわりの弾劾発言にそうとう参った。

ホテルに帰っても眠れない。十時の新幹線で帰るつもりだったが、八時半には乗っていた。夜、栄に電話した。「桑名は、どうしちゃったんだ？」からの話でブチ切れた桑名の精神状態がわかった。

桑名のファニカン再結成の意図は東京、大阪とやって、締めくくりの神戸「チキン・ジョージ」でライブ・レコーディングすることにあった。だが、ロメルと辻の交通費と宿泊費まで出して原宿「クロコダイル」でやった再結成第一弾ライブ、桑名のなかのリアルなファニカン再結成だったこのライブが、ロメルと辻には単なる同窓会気分の仕事ぐらいにしか見えなかったようなのだ。「これでは音は録《と》れない」とレコーディングは諦めたものの、大阪、神戸のファニカン・ファンにはみっともないものを見せられない。大阪公演の三日前から「リハーサルをやりたい」と栄と和田ジョージは呼ばれた。栄は自前で交通費と宿泊費を払ったが、和田ジョージの分は桑名持ち。

大阪のライブ・ハウスでは客のノリでなんとか盛り上がったが、桑名は疲れ切った顔をしていた。栄は打ち上げで酒も呑まず桑名の愛車「ゲレンデヴァーゲン」を運転してマンションまで桑名を送って行ったが、降りるとき、そんなに酔ってもいないのに桑名がよろけて倒れそうになった。「大丈夫？　桑名ちゃん」といったら笑っていたが、あんな桑名を見たのは、はじめてだったという。

その翌日がチキン・ジョージのライブ。まえに出た「外道」のロック街道一本を走り抜けてきたようなライブに桑名が影響されないわけがない。前半の部分にはその気迫がうまく出たが、後半は桑名だけが突出する格好になってグルーヴ感もへったくれもなくなってしまった。

打ち上げで桑名が荒れはじめたとき、栄は四十年前のファニカン解散の場面にフィード・バックした気持ちになった。バークレーを出て渡辺貞夫カルテットでやったこともあるジャズ・ベースの辻宗一郎とロックンロールを卒業したブルース系ギターのロメル・アマード。ふたりとも桑名がファニカンに誘ったのだが、最後は目指す音楽性の違いを認め合いファニカン解散となったのではないか。それが目の前で再現されている。

ただ四十年前と違うのは、辻とロメルがプロのミュージシャンとしてメシを食っていることだ。桑名が工面したことを知っているギャラの袋に「ありがとう」もいわずに手を出すロメルに、「あんなギターしか弾けへんのに」と激怒していた。「そこへ、寺本さんが入って来たんですよ」。

二日目に、この打ち上げ騒動が東京まで流れ出してきたので、桑名にメールした。桑名が吐いたコトバに、「親父に金を借りたのは、おまえが事件を起こして電通から賠償金の請求があったときに借りたもので、そのあと事後処理用に作った株式会社モス・エージェンシーの資本金となった金だ」など、すべてに答えた。すぐ、「すんませんでした」のひとこととメールが返って来た。ただ、ファニカンのことだけで桑名があれほどまでにキレるとは、どうしても思えなかった。

そのあと七月十日、予定通り「四十周年記念アルバム」の打ち合わせで桑名が東京に出て来て定宿の赤坂アジア会館で会った。あたま一時間は打ち上げ事件のこともあったのでふたりきりで会い、後半に海田が参加することになっていた。

打ち上げ騒動のことは、もうメールで済んでいたので触れることもなく、「最近、なんか難しい問題でも抱えているのか」とか、「桑名興業絡みの借金がまだ七億もあるって前いってたがどうなった？」とかいろいろ訊いてみた。

「詐欺師にかかって往生しましたが」「あの平沢か」「ええ、あいつですわ。でも、裁判で決着ついたこともあって、なんとかなりそうです」とか話しているところへ海田が入って来て四十周年記念アルバムの話になった。

ライブ・レコーディングの話は出ず終いで、三人で選曲をした。海田からＲＣＡがなくなって、ほとんどの原盤を持っているＳＯＮＹから十月発売を予定していると報告があった。

その五日後の昼ごろ、亀渕友香から電話があった。

「今朝、桑名が脳幹破裂で緊急入院した。三日持たないといわれている」と泣きながらの電話だった。亀渕は桑名全盛時代、全国ツアーで金子マリらとコーラス・パートをやってくれていて、その後も桑名のことを弟のように心配していた。

「ノウカン破裂」にもびっくりしたが、「三日しか持たない」のも衝撃だった。夕方、友愛会病院にいた海田と連絡が取れた。電話の途中で「ちょっと、代わります」と出たのが、ロスにいるはずの横井康和だった。たまたま日本に帰っていたので駆けつけたという。「おまえ、何かある時にはいつもいるんだな」といった。この電話であらましのことはわかったが、詳しく知ったのは海田からの夜の電話だった。

十四日の夜小豆島でライブをやった桑名正博と妹の晴子は、西宮の母親のところへ行った。もう十二時近い。車椅子暮らしだが頭はハッキリしている母親と「小豆島、やっぱりええわ」「小豆島なあ」とか親子三人で和やかな時間を過ごしたあと、桑名は大阪のマンションに帰った。酒も飲まず横になったのが午前三時。三十分ほどして、急に「頭、痛いわあ」と起き上がり、意識を失った。

救急車で阿倍野区の友愛会病院に運ばれ診断の結果、脳幹の延髄とつながる橋の部分が断裂していたことが判明。脳幹は中枢神経を構成する器官の一つだが、多種多様な神経核から構成されていて生命維持機能の重要器官である。その機能が破壊され、あと三日か一週間持つかどうかという診断結果だった。

その予兆はすでにあった。ファニカンのリハ中も小休憩のたびにお付きの女性に首筋を揉んでもらっていたし、「チキン・ジョージ」の出番まえにも「首がなあ」とギター持つ手で揉んでいた、と栄は証言する。桑名晴子も、「お兄ちゃんが寺本さんのまえでキレたのも、脳幹の橋が壊れかかっていたんやと思う」といっていたと聞いた。

桑名正博はアン・ルイスと別れたあと青山のマンションを引き払い、広尾に近い仙台坂下のアパートに転居した。八六年の冬だったか桑名のアパートに行った。一緒に住んでいる長澤栄子にも会った。栄子は東京杉並の生まれ育ちで役者志望だったが、ディスコ「ツバキハウス」でアルバイト仕事をしていたとき桑名と出会った。

十歳年下の栄子は、「中学の頃から桑名さんの大ファンで」と眩しそうに桑名を見つめる。桑名もはまっているテレビ・ゲームをやりながら、「親父《おやじ》は反対しよるやろうけど、美勇士《みゅうじ》（アン・ルイスとの息子）の面倒も見てもらわなあかんし籍入れようと思ってます」と優しげな顔をしていた。桑名の人生図面を俯瞰して見ると、このころがいちばんこころ穏やかな日々だったのかもしれない。

九〇年代に入ってバブル崩壊。「桑名興業」もバブル崩壊の煽りを食って、熊本県玉名のゴルフ場を手放し、多額の負債も背負って阿倍野区橋本町の七百坪の豪邸も担保抵当物件になった。

桑名は非常勤ながら専務取締役になっていて、大阪に戻りバンド「トリプルX」でライブ活動やCD制作などもしていたが、ほとんど正晴社長のそばで「桑名興業」立て直しに奔走するようになる。二〇〇〇年三月桑名正晴、脳梗塞で死去。同年五月、桑名正博は、「株式会社桑名興業／代表取締役社長」に就任し再建事業に取り組むが、詐欺師「平沢」に引っかかって負債がふくらみ橋本町の屋敷を手放すものの追いつかず桑名興業は倒産に追い込まれることになる。

桑名は晩年、父親の正晴が妻（母）と別居したり事業不振と体調不良も重なり元気を失った姿を見てきた。それだけに、江戸時代の廻船問屋「桑文」から百五十年続いた「桑名興業」を自分の代で潰したことが重く気持ちにのしかかったことは間違いない。倒産後、軽井沢に家を借りて大好きな犬たちと暮らす時間を大事にしていたが、大阪との二重生活はつづいた。

桑名を語る上で外せないのは、彼の社会活動家の一面だ。阪神淡路大震災が起きた翌日から海上輸送で生活支援物資を運びつづけたが、売名行為と捉えられるのが嫌《いや》で新聞やテレビの取材にはいっさい応じなかった。

その後、桑名は障害のある子供たちや海外の戦地の子供たちへの支援事業を積極的に進める一方で、「捨て犬里親探し財団」を設立するなど地道な社会活動を二十年もつづけていた。

東日本大震災のときも各地でチャリティー・コンサートをやって、いちど東京で会ったとき

「やっと三百万ほど貯まって、被災した東北の子供たちに、ピアノは無理やけどギターとか音の出る楽器をプレゼントしたいと思っているんですわ」といった陽に焼けた笑顔が忘れられない。

三日持たない、一週間持たないといわれた病状だったが、十日経って「奇跡的な精神力と身体能力だ」と主治医が医者らしくないコトバを漏らすようになり、八月二日長期的な闘病生活に耐えうるため気道に注入された人工呼吸器を外し、桑名は気管切開の手術を受けた。

その二日後、下田逸郎と難波の高島屋まえで待ち合わせ、阿倍野の友愛会病院に行った。二部屋つづきの病室の他に受付のある部屋まであって、何人もの顔見知りが控えていた。「一時間ほど桑名と下田とおれの三人にしてくれ」と桑名の寝ている病室に入った。

桑名は顔色もよく深い眠りについた表情で眼を閉じていた。何本ものご自慢のギターが壁に張り付いていた。枕元にはファニカン時代から愛用していたアコースティック・ギター「ギブソンJ200」が、いつでも起き上がって弾けるようギター・スタンドにセットしてある。

下田とふたりでいつもの桑名に語りかけるようにいろんな話をしたが、返事がない。わかっているが淋しい。下田に、「月のあかり」をうたってくれと頼んだ。「えっ、ここで?」と躊躇《ちゅうちょ》していたが、「サビ、ハモってよ」と枕元のギブソンを抱えた。

「チューニング、バッチリだわ」と下田。桑名を尊敬している若手ミュージシャンたちが誰かしら来て、いつでも桑名が弾けるようにチューニングしているのだろう。

灯りをつけるな　月の光が
やさしく　お前をてらしているから
ふり向くな　この俺を　涙ぐんでいるから
長い旅になりそうだし　さよならとは違うし
この街から　出て行くだけだよ

お前のしぐさの　ひとつひとつが
どれだけこの俺　救ってくれたか
うまくは言えないよ　胸がつまっているから
わがままは　生まれつきさ
お前も　気づいていたよ
愛しているのさ　はじめて言うけど

ふり向くな　この俺を　涙ぐんでいるから
長い旅になりそうだし　さよならとは違うし
この街から　出て行くだけだよ
この街出て行くだけだよ
この街出て行くだけだよ

一番のサビをハモろうとしたとき、ベッド足元の小便袋の茶色い液体が少しずつ増えて行くのが見えた。歌に合わせるように増えていく。ハモろうとしたが声が出なかった。

桑名は、高カロリー点滴「ラクトリンゲル」の栄養補給が効いたのもあるが、眼に見えない「生きる意志力」で六カ月も奇跡を待つ人たちに囲まれ生きつづけ、意識が戻らぬまま、十月二十五日、この街（地球）から出ていった。

十月三十日、阿倍野区の葬儀場「大阪市立・やすらぎ天空館」で告別式が行われた。葬儀委員長は内田裕也。原田喧太が弔辞を読んだ。八百人の弔問客が見送るなか、巨大な遺影を掲げた白いオープンカーのあとに桑名の眠る棺を乗せた霊柩車がつづき、桑名の生まれた橋本町から御堂筋を走った。五千人もの大阪市民と橋下徹市長らに見送られ、市内南部にある瓜破《うりわり》斎場で茶毘《だび》に付された。

その模様が夜のＮＨＫ生特番「わが心の大阪メロディー」のために空中撮影され、七時のＮＨＫニュースでも流れた。

七〇年代後半からのプロデュース

時代をさかのぼるが、一九七五年後半から八〇年代にかけてのわたしの活動に触れておきたい。七五年には吉田拓郎、井上陽水、泉谷しげる、小室等らと「フォーライフ・レコード」を立ち上げた後藤由多加と組む格好で同年の第一回フォーライフ新人オーディションで優勝、吉田拓郎の初プロデュース作品「風になりたい」(詞曲・吉田拓郎)でデビューする「川村ゆうこ」を預かったり、同じく第二回オーディションで優勝した川崎の定時制高校出の社会派フォーク歌手「小出正則《こいでまさのり》」を「オホーツク」(詞・岡本おさみ、曲・小出正則)でデビューさせたりした。

一九八〇年には、前年のヤマハ・ポプコンで出場曲「時流」が優秀曲賞になった北海道在住の鈴木一平の「水鏡」をリリース、二十万枚のヒット作品となった。

筒美京平と岩崎宏美のロスアンゼルス・レコーディングに行ったとき知り合った京平さん推薦の「ケン田村」を一九八一年、本場ものウエスト・コーストのロックの匂いを孕んだシングル「忘れておしまい」とアルバム『Light Ace』でデビューさせた。だが思うような成績が残せず、売れる売れないは運に近いさまざまな出来事に左右されることを実感する結果となった。ロスからわざわざ来てもらったのに、ケン田村には悪いことをしたといまも思っている。

また、八二年二月には小樽の倉庫街小劇場「海猫屋」で活動する「佐々木好」を、「これは行ける！」と思い、エピックSONYの高久光雄プロデューサーと組んで、『心のうちがわかればいいのに』など三枚ものアルバムをリリースしたが、これも納得のいかない結果に終わった。

りりィは、一九七五年に、第一期「バイバイ・セッション・バンド」とロスアンゼルス録音をしたあたりから、こういう区別もなんだが、フォーク&ロックからポップ&ロック系に移行し、坂本龍一と組んで第二期バイバイと七六年『オーロイラ』を発表し、七七年『りりシズム』、七八年『気にしないで』とつづき、七九年、井上艦らと第三期バイバイで『マジェンタ』をリリースしたが、だんだんシングル・ヒットを意識しない作品作りで少し大衆から離れていく傾向にあった。が、りりィの求めるものをとことんやらせたいと、あと押しをつづけた。

りりィの停滞している状況を打破したいと一九八二年五月、ビクターに移籍させて、バイバイの第一期メンバーでもあり沢田研二バンドのベーシストとして活躍していた吉田建プロデュースで、アルバム『モダン・ロマンス』を鳴りもの入りでリリースした。だが、思ったような成績をあげることができなかった。

そんな中でも浅川マキ、りりィ、桑名正博、イルカにつづく、星は小さくとも光を放つSTARアーティストを世に送り出したい、との思いはいつもどこかにあった。

その夢と野望を重ねたのが、ビクターの谷口郷士から紹介された「遠藤京子（響子）」だった。遠藤京子は、名古屋芸術大学音楽部器楽科ピアノ専攻卒の二十一歳。当時、モス・ファミリィでアドバイザリー・マネージメントをやっていた筒美京平に会わせ、ピアノ弾き語りでオリジナル・ソングをうたわせると、容姿といい声といいピアノのセンスといい「本ものよ」と筒美は大いに乗ってくれた。

一九八一年十一月、シングル「告白テレフォン」（詞・遠藤京子、曲・筒美京平）、十二月、アルバム『オペレッタ』でデビューさせた。写真家・沢渡朔のジャケット写真も評判になり、いい滑り出しを見せた。

そんなとき起こったのが、桑名正博の強制わいせつ告訴事件だった。

それによってモス・ファミリィは窮地に立たされる。だが世間的には桑名本人の問題でありモスの歌手アーティストには関係ないことだと開き直り、前述したように桑名正晴氏から出資してもらって「株式会社モス・エージェンシー」を立ち上げ、イルカの共同原盤分の権利をユイ音楽工房に譲渡したりしてこの場面を乗り切ろうと走り回った。

そんな最中、遠藤京子には役者としての可能性があると『3年B組貫八先生』に教師役で出演させた。また、八三年のこれもドラマ主題歌「輝きたいの」（詞曲・遠藤京子）がオリコン上位に食い込むヒット曲になった。

だが結局、音楽工房モス・ファミリィの大世帯を支えきれなくなっていた。思いがけない事態で、自分の手で遠藤京子を大成させられなかったことに悔いが残る。

八三年春、いまの六本木ヒルズの裏手、韓国大使館につづく道の第二谷沢ビルのモスの部屋でクリスマスのごとき飾り付けをしてオールナイトのお別れ会をやった。浅川マキとイルカは来なかったが、桑名正博、りりィ、下田逸郎、南正人、川村ゆうこ、遠藤京子、小出正則、鈴木一平らが勢揃いし、バンド・メンバーやスタッフ全員で朝まで生演奏で盛り上がった。

これを契機にモスは解散の道を進むことになる。

「プロデューサーとして一流の域に達したかもしれないが、実業家としては三流以下である」と「すまない」のひとことをつけて頭を下げた記憶が鮮明に残っている。

音楽プロデューサーズ連盟

一九七五年は、ある意味で日本の音楽シーンにとってエポックメーキングな年であった。六〇年代後半から台頭して来たフォーク&ロックがニュー・ミュージックと一口にして語られるようになり、全レコード売り上げの六十%を超えるシェアーを占める勢いの中で吉田拓郎、井上陽水、小室等、泉谷しげるらが立ち上げた「フォーライフ・レコード」は、日本のレコード音楽産業にクサビを打ち込むセンセーショナルな話題となった。

前年の七四年、吉田拓郎は後藤由多加とともにボブ・ディランのコンサートを観るために渡米し、アメリカのSTARアーティストたちが自分のレーベルを持ち、大手レコード会社と提携して独自のプロデュース・ワークで質の高い浸透性のある音楽を作っているのを見た。ちょうどそのころわたしもロスアンゼルスにいて、エマーソン・レイク&パーマーとディープ・パープル見たさに、後藤由多加を誘ってロス郊外で二十五万人もの観客を集めた「カリフォルニア・ジャム」に行っている。

吉田拓郎は、フォーライフ立ち上げのときのインタビューで「今のレコード会社の年功序列的な組織の中ではプロデューサーとして何もできない。日本ではプロデューサーという価値観をレコード会社が解っていない。日本ではプロデューサーの評価が全然ない。ミュージシャンだけでなくそれに携わった全部の人が評価されるシステムを作りたい」といっている。この発言が波紋を呼ぶ。

日本のレコード・メーカーは、レコード製造工場まで持っていて、音源制作から宣伝販売まですべて統一したシステムで動いている。各レコード会社は、「フォーライフのものはレコード盤製造も店頭販売も一切協力しない」と申し合わせた。しかし学園闘争を目の当たりに見てきた若い音楽ファンは吉田らの挑戦に喝采を送る。紆余曲折あったもののニッポン放送の石田達郎会長がポニーキャニオン系列でレコード製造販売を引き受けてくれて船出となるのだが、ゲリラ的手法で大手レコード・メーカーと組んで浅川マキやりりィを世に出していたので、個人的には遠目に見るしかなかった。とはいえ、「音楽プロデューサー」の位置立場が立証されたようで嬉しかった。

後藤がカリフォルニア・ジャムをその眼で見たからか、その年の八月二日、日本で初めてのオールナイト野外イベント「吉田拓郎&かぐや姫・コンサート in つま恋1975」を五万人の参加者（平均年齢二十一歳）を集め成功させている。吉田拓郎の旧体制への挑戦が形になって現れた場面だった。

またこの年、中島みゆきが「アザミ嬢のララバイ」で登場し、キャロルを解散した矢沢永吉が「アイ・ラヴ・ユー、ＯＫ」でソロデビューし、荒井由実（松任谷由実）の「あの日に帰りたい」や「いちご白書」（バンバン）がヒットした。そして、伊勢正三「22才の別れ」、イルカ「なごり雪」、かまやつひろし「我が良き友よ」とつづいた。

近場ではわたしのゲリラ的な思考の流れを汲んでか、ジュン&ケイの相棒おけいさんは、前田亜土と組んで森田童子を「さよならぼくのともだち」で世に出した。

この七五年を境に、ニューミュージックと呼称されるようになった音楽シーンから、第二次世代といわれる浜田省吾や甲斐よしひろ、山下達郎や桑田佳祐（サザンオールスターズ）、中島みゆき、松任谷由実、佐野元春らが登場する。それによって、ラジオとテレビというメディアの垣根は取り払われ、彼らは映画音楽やコマーシャル・ソングのタイアップなどに積極的に進出するようになる。その流れに乗り桑名正博の「セクシャルバイオレットNo.1」は生まれ、ゲリラ的戦法を目指していた音楽工房モス・ファミリィ株式会社もニューミュージック界の大手（？）制作プロダクションとして知られることになった。

一九八〇年（昭和五十五年）六月、レコード・レンタル（貸レコード）「黎紅堂」一号店が三鷹駅前中央通りに開店した。立教大学の学生ら三人で始めたアイデア・ビジネスだった。会員登録をすると、その場で十二曲入りアルバム（ＬＰ）が一枚二百円から二百五十円、シングル一枚が四十円から五十円で借りられた。むろん借りて聴くだけで返却する客もいたが、ほとんどが一年前（七九年七月）に発売され爆発的なヒット商品となったウォークマン（携帯カセットプレイヤー）や、一家に一台といわれていたラジカセに録音するためのレンタルだった。

六月二十六日付けの毎日新聞に「ヤングに受ける新商売・音のコピー屋、出現！」と大きな見出しで掲載され、「買うより割安」とおまけ付きの記事になっていた。これがマスメディアの知るところとなって、一気にレコード・レンタル店の存在が注目され広まった。

その影響は全国各地に波及して、年末には三十店を数え、翌年の八月には八百店（年末には千店超え）と急速にふくれ上がった。中には店頭で借りたレコードをその場で録音サービスする店まで出てきた。

七八年にピークを迎えたといわれるニューミュージック系アーティストのアルバム売り上げは、五十％台のシェアを占めていた。サザンオールスターズ、アリス、松任谷由実、さだまさし、中島みゆき、オフコース、長渕剛、松山千春というミュージックシーンのトップを走っていたアーティストのアルバムが、音源だけとはいえ二百五十円足らずで手に入る。まだ大卒者の平均初任給が十一万五百円で、アルバイトの時給（東京）が四百円前後だった時代、音楽好きの若い世代には魅力だったに違いない。しかも、二百五十円で手に入れた音源をカセットテープにコピーして街に持ち出すだけではなく、友だちのためにテープコピーをしてやる。それが流行《はやり》になった。レコードレンタル店に隣接しているレコード店の売り上げは目に見えて減少した。神田には「音のコピーサービス」を専業にする店まで出現した。

レコード各社は動いた。明らかに複製侵害にあたる店頭でのコピーサービスやコピーサービス店を軒並み摘発、高速録音機などの差し押さえを執行した。だが、レコードレンタルの持つ違法性を証明するには録音の実態が証明されなければならない。

翌八一年五月、レコード協会（社団法人 日本レコード協会）は、レンタル経験者千人を対象に面接調査した結果、九七・四％が録音したことがあると回答した。

同年十月、レコードメーカー十三社がレンタル事業者「黎紅堂」「友＆愛」など大手四社に対して、複製権侵害を理由にレコード貸与《レンタル》差し止め請求の裁判を起こした。

この日を境にして、それまで学生のアイディア・ビジネスとして始まり若い音楽世代の圧倒的な支持を受けたレコードレンタルが、社会現象の側面から事件として扱われるようになった。十月三十日からの一カ月の間にレコードレンタル問題を取り上げたマスメディアは新聞二十紙、雑誌三誌、テレビ十一局にのぼった。その大半がレコードレンタル店側の肩を持つ内容だった。

逆風のなかレコード協会を中心にして、著作権の団体「ＪＡＳＲＡＣ」、歌手演奏家等実演家の団体「芸団協」、レコード店の団体「全レ連」など権利者団体は、日比谷野外音楽堂で貸レ反対総決起大会を開いたり、さまざまな国政へのアプローチによって八三年三月、「商業用レコードの公衆への貸与に関わる著作権等の権利に関する暫定措置法」なるものが成立した。

複製権を有する権利者は著作権者（作詞作曲家等）、録音権を有する実演家、複製権を有するレコード製作者となり、「商業用レコードを公衆に貸与する許諾権」が権利者側に与えられることになった。JASRAC、芸団協、レコード協会は、レンタル店の組合「レコードレンタル商業組合」と交渉して貸したレコードの使用料から報酬を受け取ることになる。

しかし、ここまで来るには三年近くかかっている。

ニューミュージック系の制作プロダクションに所属する歌手アーティストのほとんどはシンガーソングライターなので、著作権者であり歌唱実演家でもありレコード制作の録音権も持っている。例えば、りりィのマスターライツ（著作権、演奏権、録音権および肖像権）は音楽工房モス・ファミリィが持っている。

レンタルレコード店が出始める前だったが、八〇年三月、後藤由多加（ユイ音楽工房）から声がかかって、アリスらをプロデュース・マネージメントする「ヤングジャパン・グループ」の細川健、サザンオールスターズの「アミューズ」大里洋吉、森山良子、五輪真弓の「ミュージカル・ステーション」金子洋明、中島みゆきの「ヤマハ音楽振興会」梅谷佳紀、忌野清志郎

ＲＣサクセションの「りぼん」奥田義行、甲斐よしひろらの「シンコー・ミュージック」青柳茂樹、小室等の「六文銭ファクトリー」上田章二、と寺本幸司（音楽工房モス・ファミリィ）の九名が新宿厚生年金ホール隣の鶏割烹「玄海」に集まった。

ともに七〇年代から八〇年代にかけてミュージック・シーンの最前線でプロデュース・マネージメント・ビジネスを展開してきた男たちで、イベント・コンサートの主催制作やコンサート・ツアーの環境整備などそれなりの交流はあったが、とかく群れるのが苦手な連中で、こういう情報交換が目的の会とはいえ一堂に会するのは初めてだった。

アミューズの大里とは、細川が主催した野外コンサート「ハンズinハンズ」で桑名とサザンが共演したときに初めて会った。サザンの桑田佳佑の紡ぎ出すポップなメロディーとアバンギャルドな歌コトバにすっかりやられていたので、七八年「勝手にシンドバッド」でデビューしたとき、大里に、もともと渡辺プロで「キャンディーズ」をやっていた手腕をフルに使って、テレビ媒体で「サザンのパフォーマー表現を見事に演出したね」と伝えた。すると「いや、あれは全部桑田のやりたいことをやらせただけですよ」とさりげなく答えたのが格好いいと思った。

はじめての会合で、アーティスト・グッズの本物そっくりの偽物をコンサート会場入口で販売する海賊行為の取り締まりや、放送で使われるレコード音源の権利処理の問題、コンサートツアーでのPAやコンサートでの予期せぬ事故の処理についてなどが話しあわれ、有効な情報交換ができた。そこで、毎月十日の午後それぞれの会社で持ち回りの会合を開くことを決めた。会の名前は「十日会」とした。

それがレンタルレコード店の出現で対応対策を練る有機的な「十日会」となった。レコードレンタル問題が裁判にまで進展していく段階でも「十日会」なりの調査研究が行われた。

後藤から依頼されて等々力《とどろき》のレコード店に覆面調査に行ったことがある。レコード店の隣の家にコピー専門のコーナーがあった。

レコードは再販禁止条例があって、シングルもLPも販売価格は変えられない。中古レコードの販売も禁止されている。LPは二千六百円もする。一時間半ほど出たり入ったりして様子を見ていたが、ほとんどが二百五十円でレンタルしたレコードを隣のコーナーでコピーしている。カセットは二百円、コピーは百五十円。中には自前のカセット・テープを持ってくる者もいる。浅川マキの巣箱もある。学生らしき男が『MAKI・LIVE』をレンタルした。

いくらロングセラーの女王といわれても十年近く前のレコードである。隣でコピーが出来上るのを待っているその男に声をかけた。「浅川マキのことは先輩から聞いて、前からこのレコードが欲しいと思っていたんですが、とてもアルバイト代から買うだけの余裕がなくて、やっと今日ここに来れたんです」と嬉しそうな笑顔になった。たしかに違法行為ではあるが、この男がマキのレコードを聴いている場面を想像してなんだか胸が痛くなった。このことは、「十日会」に提出する調査資料には書かなかった。

レコードレンタル使用料実演家分は、文化庁の指定団体である芸団協（公益法人日本芸能実演家団体協議会）からしか受け取ることが出来ない。芸団協から分配を受けるためにはニューミュージック系アーティストを束ねた団体を作らねばならならない。

新メンバー小椋佳のいる「キティアーティスト」多賀英典、山下達郎や竹内まりやがいる「スマイルカンパニー」小杉理宇造、松山千春の「ＮＥＷＳ」市川義夫、尾崎豊のいる「マザー」福田信らが加わった「十日会」のメンバーで団体設立に動く。

新団体の名前をどうするか、と議論になった。プロダクションを全面に出すと音楽事業者の先輩団体「音事協」（日本音楽事業者協会）と競合する。アーティストとマネージャーが実権利者だという認識はあったが、マネージャーというコトバにはとかく誤解を呼ぶ響きもあってどうなのか、と議論は紛糾した。もう時間切れという場面で、後藤から「クリエーターをイメージする広い意味での制作者（プロデューサー）という名称を使ったらどうか」という案が出され、「音楽制作者連盟」で意見の一致をみた。

一九八六年十月一日、日本青年館中ホールで「音楽制作者連盟」第一回総会が開かれ理事に推薦された。理事長は後藤由多加、理事長の指名で寺本は副理事長となった。

そのあとで、芸団協の中に音楽実演家の権利処理センター「実演家著作隣接権センター（CPRA）」を設立し、寺本はレコードレンタル使用料委員会の委員長に就任した。

ちょうど音楽工房モス・ファミリィ株式会社が解散する時期と重なり、株式会社モス・エージェンシーの代表として、それから三十年近く、プロデューサー活動を続けながら権利処理の仕事を音楽制作者連盟の立場で心おきなくやることが出来た。

りりィの「しあわせさがし」

眼のまえに一枚の写真がある。二〇一六年二月二十日、新小岩のライブシアター「ジョニー・エンジェル」の楽屋。ライブの始まるまえ、りりィとデビュー時から姉妹のようだった沢チエが寄り添い、こちらに向かって笑顔のピースサインを出している。そのうしろにはハンチングをかむったわたしが眼を細めている。撮ったのはりりィの相方斉藤洋士《ようじ》。いま見るとりりィの笑顔に力がない。

だが、本番の「りりィ&洋士」はいいノリで凄かった。下手《しもて》に、いつもやっているベースの谷口幸生とハーモニカの深沢剛。上手《かみて》に、ヴォーカル・ギターの斉藤洋士。真ん中のりりィがイキイキとうたっている。動きもいい。ひさびさに三百人も入る小屋(劇場)で見るりりィが大きく見えた。二十年近くコンビを組んで、「時の流れ」や「残そう」などの名曲を生んできた洋士との息もぴったりで、洋士とハモる「私は泣いています」も客席をわかせた。

終わった。打ち上げもなく、「明日、撮影があるので」と、素面《しらふ》の洋士が運転してふたりして鴨川に帰っていった。

その二十数年前、モス・ファミリィを解散した一九八三年から一年ほどして、モスを離れたりりィの面倒を見てくれていたジュン&ケイ企画室の竹内夕紀から、「りりィが、結婚を前提に糸数元治と付き合っている」と聞いた。通称ガンジーと呼ばれている糸数元治は、沖縄のバンド「サンディエゴ」のリーダーで、「スローダンサー」というヒット曲を持っているが、いまはソロ活動をしている。ガンジーの楽曲管理をしている音楽出版社の和田氏から、ガンジーに会わせたいという連絡が来たので行った。

りりィもいた。久しぶりに見るりりィはいい感じに日焼けしていて健康そうに見えた。中身は忘れてしまったが、「出来たばかりのCMソングで、りりィにどうかと思って」とガンジーがうたった。ギターを抱えたさまがえらく決まっていて、沖縄の男の匂いがした。

それから場所をかえて三人で話したのだが、りりィが沖縄の話ばかりする。そういえば、大島渚監督『夏の妹』で、二週間の沖縄ロケから帰って来たあとも沖縄のことばかり話していたことを思い出し、「おまえは、沖縄フリークだったからな。デビューから二枚目のシングルのB面も『沖縄にて』にしたんだもの」といって、「ちだめ〜ゆ　おるうみ〜」と口ずさんだら、りりィがつづきをうたった。ガンジーの顔が嬉しそうだった。

「結婚するって本当か」と訊いたら、「けじめですから、籍入れます」とガンジー。りりィが沖縄と結婚する、と思った。

りりィは、八五年三月、沖縄で樹音《じゅおん》を産み、子育て宣言をして狭山市入間に移り住んだ。ジョンジョン（樹音の愛称）が生まれて沖縄から帰ってきたころと小学校四年生のころに二度、沢チエと入間の家を訪ねている。生まれたばかりのジョンジョンを抱いているりりィは眩しかったが、二度目に行ったときはジョンジョンが家中走り回って手のつけられない利かん坊になっていた。りりィは「ダメよ」と優しく声をかけるくらいで、すっかりいいお母さんになっていた。夕方になって仕事から帰ってきたガンジーが、「ギター弾くぞ」とジョンジョンに声をかけるとピタリと悪ふざけをやめて窓枠に腰かけギターを抱えた。その格好が十九歳のりりィがギターを抱えて「愛」をうたってくれたときとダブって見えた。

ジョンジョンが中学に入ったころか、りりィが肺気腫を患って入院しているというので狭山の病院に見舞いに行った。そのときガンジーのことを訊くと曇った表情になって、「仕事が忙しいみたいで帰って来ないのよ」というのが気にかかっていたが、それからしばらく時間があいた。

ＪＵＯＮ（樹音）十五歳。ジュン&ケイの篠崎たちが樹音のギターとヴォーカルに惚れまくってデビューさせた。忙しいことと音楽を生む仕事から離れていたこともあって、ガンジーとりりィの血を引いたジョンジョンのギターを聴いてみたかったが、観に行かなかった。そのあと天才ギタリストと評判になっていると聞いて嬉しかった。

樹音のデビューから何年も経っていないころ。りりィがガンジーと別れて斉藤洋士と組んで「Ｌｉｌｌｙ＆Ｙｏｊｉ」バンドでうたっていると聞いた。新宿のどこだったか、ライブ・ハウスへ観に行った。三歳年下の洋士がりりィを先輩シンガー・ソングライターとして認めていることがはっきりとわかるステージで、気持ちがよかった。それに洋士は声も出ているしギターもうまい。年季の入った喋りもいい。りりィが洋士をモデルに歌コトバを書いて洋士が曲をつけた「小さな人生」には泣き笑いの拍手が起きた。りりィが肩の力の抜けた自然体でうたっている姿を見た。終わって「やっと、公私ともにいい感じのパートナーを見つけたな」といったら、「うん」とはにかんだ笑顔になった。

それから何度もりりィたちのライブには顔を出しているし、アルバム『ツイン・ボーカル』も何枚か売った。長坂の作家・川上宏の結婚式にもふたりしてうたいに来てもらったりした。りりィがテレビや映画に出ていることも知ってはいたが、映画館まで行って観たいとは思わなかった。老女役が多いとも聞いていたし、歌手と役者は違うもので、歌手りりィは永遠に老女などにはならないという錯覚を信じている部分もあった。スポットライトの下のりりィは、いつも若かった。ＴＢＳテレビ『半沢直樹』シリーズの堺雅人の母親役で出て来たときには、あまりのはまり具合に感動するやら、「ほんとに、りりィ？」と戸惑うやら騒がしい気分になった。

二〇一六年二月の新小岩「ジョニー・エンジェル」のりりィの公演は、三月《みつき》も前から楽しみにしていたライブだった。

そのふた月後の四月、りりィは鴨川「亀田総合病院」で肺がんと宣告された。五月末、りりィは樹木希林に紹介されて放射線治療で有名な「鹿児島オンコロジー治療院」に通うことになる。入院ではなく通うと書いたのはわけがある。ちょうど六年前、霧島の音楽フェスティバルに行く機会があり、ジョー山中がオンコロジーに入院しているというので会いに行った。受付でジョーの病室をたずねると「ここの治療院は、入院施設がなく患者さまには通院してもらっています」との返事だった。ホテルを教えてくれといったら、守秘義務で教えられないとぴしゃり。すぐ隣接しているホテルだと思ったが、ジョーには会わずに帰って来た。何カ月もしないうちに横須賀の自宅でジョーは死んだ。

ジョーも同じ肺がんだったし嫌な予感がしたが、鹿児島に行ったあとに聞いたので、どうしようもない。放射線治療は保険が利かない。一度の治療に二十万円もかかる。りりィが、豊川悦司や余貴美子ら個性的な役者のいる「株式会社アルファ・エージェンシー」に所属していることは知っていたが、この治療費までケアされていることを聞いた。そのときはじめて万代博実代表の名前を教えられ、頭が下がった。

鹿児島でのりりィと洋士の闘病生活は六カ月にも及んだ。りりィのがんは小細胞がんで、全身に小さく散らばっている。一箇所を集中的に照射する放射線治療に向かなかったのかもしれない。最終的には脳から肝臓にも転移していた。十月に入って死期を悟ったりりィは鴨川に帰りたいといいだす。

十一月四日、医師看護師付きの特殊車両で鹿児島を発った。その前日、りりィは、JUON（樹音）とその妻（美和）と万代博実に遺言を書いた。そのことはあとで聞いた話で、わたしはりりィとは鹿児島に行って以来何かにつけてショート・メールで元気づけしていたが、ちょうどりりィが三人に遺言を書いて送った同じ日に、「わたしを見つけてくれて、ありがとう」と一行メールが届いた。

りりィは三十時間近くかけて鴨川「亀田総合病院」に転院した。

十一月八日（火）。沢チエと鴨川に向かった。これも偶然とは思えぬが、東京駅前からバスで行くつもりで八重洲口改札に出たら、バイバイ・セッション・バンドの初めから終わりまで参加してくれた斉藤ノブ（パーカッション）とばったり会った。これから地方ツアーに出かけるという。「りりィに頑張れっ、といってください」とコトバを投げてノブは新幹線口に走って行った。

亀田総合病院八階、海沿いの個室。りりィは、タオル地のバンダナを頭に巻いて酸素マスクをしてベッドに横になっていた。チエが「りりィ！」と駆け寄るように手をとると、バンダナとマスクの間の眼が潤むように笑った。

病室には二十数年ぶりの樹音と妻の美和ちゃん。斉藤洋士は挨拶をしたきり辛い顔をして出て行った。

樹音がドリームズ・カム・トゥルーの吉田美和と結婚したことはむろん知っていたが、会うのははじめてである。全国ツアーのリハーサルを控えながら、ずっとりりィに付き添ってくれている。マスクの上の眼が優しくりりィとチエの方を見ている。

りりィが酸素マスクの口からようやく聞き取れる声で、樹音に「あれ頂戴」という。樹音が「お客さん、またあれですか、お好きですね。少々お待ちください」と冷凍庫からオレンジ・ジュースを凍らせた小さな欠けらをつまんで酸素マスクをずらし、りりィの口にポンと放り込む。りりィは美味しそうに口のなかで転がして飲み込む。「もう、ひとつ」とねだる。「またですか、お客さん」ともうひとつ放り込む。りりィが「メロンは、ないの?」という。「お客さん。メロンは品切れでしてね」と樹音がいったら、美和ちゃんが「下のお店にあると思うから」とすぐエプロンを外して出て行った。

枕元に行ってりりィだけに聞こえる声で、「りりィ、やっと、しあわせが見つかったな」といったら遠い眼になってうなずき微笑んだ。七五年にリリースしたシングル「しあわせさがし」のメロディがふたりの耳に鳴った気がした。

りりィは、三日後、十一月十一日早朝、この世を去った。数日後、鴨川でアルファ・エージェンシー仕切りの身内のお別れ会があった。樹音のデビュー時から面倒を見てくれたおけいさんたちは行ったが、わたしは知らなかったこともあって行っていない。

りりィから九月ころ、「もしも、お別れ会なんてやってくれるのだったら、みんなで音出しして賑やかにやってね。かならず私もうたいに行きますから」なんてメールがきて、「そんな不吉なことというなよ」と返事したが、それが現実になった。

翌一七年二月十四日、原宿クロコダイルでお別れ会「サヨナラりりィNIGHT」をやることになって、一月の発起人打ち合わせの席ではじめて万代博実氏に会った。

そのとき万代に、「見つけてくれて、ありがとう」のメールの話をした。「たしかに自分がいなかったらりりィという歌手は存在しなかったかもしれないが、万代さんがいなかったら女優りりィはいなかったのではないか」と訊いたら、「いや、りりィさんがぼくを見つけてくれたんです」といった。

「サヨナラりりィNIGHT」。会の第一部の献杯で、万代博実と並んでりりィの遺影に向かって杯をあげた。

二部のライブでは斉藤洋士バンドが名曲「残そう」をうたい、下田逸郎、山崎ハコのあと、バイバイ・セッション・バンドをバックに桑名晴子とつづき、来場していた金子マリ、シェリー、沢チエ、朴保、こいでまさのり、諸岡ケンジらが「私は泣いています」を晴子とうたった。最後はりりィのひとり息子鎌田樹音の喪主としてのひとことがあって、母親りりィに手向けた「フレー」という曲で締めてくれた。

来会者へのお礼として、万代博実は、「女優りりィ」の輝かしい足跡を記録したパンフレットをつくってくれた。そのなかで万代博実は語っている。


女優りりィと私の出会いは20年前、ドラマ「青い鳥」(1997年TBS)5話で、息子(豊川悦司)と夫(前田吟)がありながら出奔し、愛に生きた母の役を引き受けてもらった時から始まります。

収録が終わって初対面にもかかわらず、「私、女優をやりたくなっちゃった」と冗談とも本気ともつかないあの柔らかな笑顔で語りかけられました。

その時、りりィ45歳。歌手の活動を控えていると言っていましたが、りりィと同時代を生きている私にとって七〇年代を代表する歌手りりィですから、気楽に「はい」とは言えません。

そうこうするうち私の懇意にしていた監督達との仕事が次々と成立し、そのかけがえのない女優の魅力をますます身近に感じ、一緒に仕事するしかない流れになりました。以降、多数の映像作家に愛され続け、様々な役柄を演じて参りました。


昨年、11月11日に、りりィは私達に別れを告げましたが、数多くの作品の中に生き続けております。逝去後も、生前撮影された映画「湯を沸かすほどの熱い愛」「はるねこ」が上映され、これからも「彼らが本気で編むときは」（2月25日公開）、「追憶」（5月6日公開）と公開が続きます。この二つの映画は昨年3月に撮影された作品です。4月初旬に肺癌が告知される寸前ですが、同時期にフジテレビのドラマ「ラヴソング」の撮影にも入っておりました。身体の不安を抱えている最中、りりィはひたむきに「女優」に集中しておりました。全ての撮影を終えて、必ずカンバックするという信念を持って治療に入りましたが、残念ながら思いは届きませんでした。

りりィらしくＲＯＣＫ（６：０９）の時間に静かに旅立ちました。

りりィと出会えた事、りりィを通して出会えた方々とのご縁は私にとって何よりの宝物です。


（株）アルファ エージェンシー代表　万代博実

こちらはモス・ファミリィのステージ制作をやってくれた佐藤美昭に音とジャケット制作をやってもらい、りりィの「歌の半生」ともいうべき十五曲入りのCD『SOUVENIA From LILLY』を作ってお渡ししたが、そのCDに主催者のひとりとして、わたしは以下の挨拶文を載せた。

浅川マキ、桑名正博とつづいて、りりィまで逝ってしまった。

何かの呑み会で歳の話になって、桑名が「寺さんの偲ぶ会は、おれが仕切りますからね」といった。横にいたりりィが「あたしも発起人になるから」と手をあげた。「おい、おまえたち、おれを殺す気か。ま、順番からいったら、おれが先に決まっているけどな」といったら気遣い名人の桑名が、「いやいや、寺さんには、もっともっと長生きしてもらわなな、りりィ」と座を和ませた。

あれから十年も経っていない。第一期バイバイ・セッション・バンドのメンバーだった西哲也と国吉良一から、クロコダイルを解放するからりりィの「偲ぶ会」をやりたいと話があったのは暮れのことだった。本当は、二月十七日のりりィ六十五歳の誕生日にやりたかったがクロコに先約があって、今日、二月十四日のバレンタインDAYになった。

チョコレートならぬりりィからの歌の贈物を味わっていただきたくて、こんなCDをつくりました。本日は、ありがとうございました。

寺本幸司

二〇一七年四月、りりィの遺骨は沖縄の海と鴨川の海に散骨された。

第五章　歌は死なない

「浅川マキの世界」ヨーロッパ・ツアー

二〇一五年十一月。イギリスの「HONEST JONS RECORD」から、アルバム『Maki Asakawa』がレコードとCD仕様で世界発売された。以下が、そのアルバムのライナー・ノーツ（解説）の冒頭部分である。

浅川マキは、数十年に亘り、唯一無二の際立った存在感を世界に示してきた。シンガー・ソングライター、そしてアメリカ黒人音楽の解釈者として人々を魅了し、自己矛盾においては人々の興味を掻き立て、自己呈示においては謎めいている。マキは様々な面で不可解だったが、その様々な面において、ある種の象徴的な真実を具現化していると同時に、それを超越もしていた。彼女はカウンター・カルチャーのアイコンであった。深夜と煙草と酒の声。常に黒衣を身に纏っていた、日本版ジュリエット・グレコのような装い。個人的な面と政治的な面の両方で、敗北や失望や喪失を味わった同時代の人々を、静かに癒してくれたその歌。新宿ゴールデン街には彼女の曲しか流さない『裏窓』という小さなＢＡＲすらある。そんな最高の栄誉を彼女は受けていた。だが彼女には、懐古的な活動で聴衆におもねることを断固拒否する頑固さがあった。そうすればもっと楽にキャリアを維持出来たであろう、にもかかわらず、その誘惑に抗っていたのである。彼女の築いてきたキャリアは、色々な意味で唯一無二であった。シンガー・ソングライターという言葉が作られる前から、シンガー・ソングライターだったこと。自身の衣装スタイリストであり、独自性の高いレパートリーを自ら管理していたこと。人生という旅路の物憂さや、黄昏時から夜明け前までの影に覆われた瞬間の記録者だったこと。ベッシー・スミスやビリー・ホリディ、ラングストン・ヒューズらの歌詞の翻訳者であり、案内役だったこと。女性として、アーティストとして、音楽業界のプレッシャーに押し潰されそうになりながら、そこを生き抜いていくための地図を大胆に描いたこと。そして様々な音楽ジャンルの境界を絶え間なく渡り歩き続ける、独創性の持ち主だった。

日本語にして、一万字もあるライナーを書いたのは日本の文化史研究家でもあるロンドン大学アジア文化学科（ＳＯＡＳ）教授アラン・カミングス。翻訳されたものを読み驚嘆した。「浅川マキ文化論」というか、自分のなかにある浅川マキとは別の浅川マキの存在がそこにあった。

アルバム『Maki Asakawa』の中身は、わたしがプロデュースした初期の作品を中心に十四曲。「ちっちゃな時から」などはライブとシングル録音の２バージョンが入っている。選曲も含めプロデューサー、ハワード・ウイリアムスのこだわりが面白かった。

輸入盤はレコードから売れはじめ、年を超える一月には売り切れた。アランのライナーを読んでもらいたいこともあって、ユニバーサルから日本版『Maki Asakawa』をリリースした。

この浅川マキ英国盤のせいか、金子マリが「浅川マキを忘れない」ライブを、亀渕友香が「浅川マキを歌う」ライブを何箇所かでやったが、浅川マキを見たこともない三十代、四十代の客が増えているのがわかった。

ヨーロッパでも、密やかだが浅川マキ・ブームのようなものが起こり、リヨン（フランス）のアンダーグラウンド音楽フェス「Play Box」から、「浅川マキ・イベントをやりたい」と招待状が届いた。

サナートサナートの磯野よしゆきと組んで、「Asakawa Maki no Sekai」ライブを仕組んだ。一部は「浅川マキ・ビデオライブ」、二部は金子マリ、萩原信義（ギター）、森園勝敏（ギター）で「浅川マキを歌う」という構成で、文化庁国際交流基金も下りて、二〇一七年五月十九日「リヨン」（フランス）、二十二日「ダブリン」（アイルランド）、二十四日「ロンドン」公演と決まった。

ところが公演の目玉「浅川マキ／ビデオ・ライブ」の映像が問題になった。浅川マキがデビューしたころから写真を撮りつづけ、のちにビデオも回していたタムジン（田村仁）の家に行って倉庫をひっくり返すように探したが、こちらの欲しいもの（全曲フルコーラスでそれにフランス語と英語の翻訳字幕をつける）が、画像もふくめて見つからない。一九九五年以降、毎年末にやっていたピット・インの「五夜連続公演」のいい映像はあるのだが、もうこの頃には眼を患ったマキはいつもサングラスをかけている。サングラス姿で歌う浅川マキをヨーロッパに連れて行きたくない。先が真っ暗になるほど悩み込んだ。

五月に入ってもう出発まで十日を切りそうなころ、菅原文と名のる女性から、「山崎幹夫という映像作家が、浅川マキのライブ・フィルム上映会をやっているのを知っていますか」という連絡があった。彼女は、「国分寺の無料上映会に行っていたく感動して、映像に出て来るミュージシャンに観てもらいたいという思いから、ライブ&上映会を企画しているのですが、渋谷毅さんや金子マリさんから、その話、寺本さん知っているの？といわれて」連絡したのだという。

びっくりした。山崎幹夫という名前も、タムジン以外にマキのライブを撮影した者がいたことも聞いたことがなかった。菅原文から連絡先を教わり、国分寺で山崎幹夫に会った。

8ミリカメラで映像作品を作っていた若い山崎幹夫を、浅川マキが「文芸坐ル・ピリエ公演でビデオを回してみないか」と誘ったという。一九八七年から一九九四年に文芸坐ル・ピリエがクローズするまでの七年間、「浅川マキ・始発まで」、「浅川マキ・一ヶ月ライブ」などほとんどの公演を彼は撮影したという。何度もル・ピリエには行ったはずだが、何も知らなかった。

が、山崎監督はマキさんの仙台坂下のアパートに打ち合わせに行ったとき、「さっきまで寺本さんがいたのよ、なんて聞いていましたから」と親しげな眼をしていった。

そして二〇〇五年ころ、彼はそろそろ人生の幕引きを考えていたマキに呼ばれて、VHSにして渡してあった全ライブ映像を、「著作権はあなたにあるのだから好きにしなさい」と返してもらった、と。

彼は浅川マキが死んでしばらくして、三十年前に撮った映像をチェックしてみた。取り憑かれたようにカメラを回したライブ映像に、マキや共演者の生々しい表情や音が現出している気がして、去年の暮れぐらいから国分寺の「giee」でデジタル化したものを、トークを交えながら無料上映していたという。

さっそくヨーロッパに持って行くライブ映像の話をして、山崎幹夫から五十分ほどの抜粋編集したDVDを送ってもらった。相棒の磯野プロデューサーに大磯の家まで来てもらい、ふたりで観た。ワンカメなのだが、若き山崎幹夫が、浅川マキと渋谷や川端や向井や植松、セシル・モンローらとの迫真の演奏場面にカメラごと飛び込んでいる映像で「これが欲しかったんだよな」と磯野とうなずきあった。

全体を三十分ほどに編集して、ヨーロッパ行きの細かい交渉をしてくれた増田瑠璃にフランス語と英語の字幕をつけてもらった。リヨンでもダブリンでもフィルムの最後のクレジット「演出&カメラ・山崎幹夫」の名前が出たところで終わりのない熱い拍手がきた。

ロンドンではロンドン大学SOASの階段教室で行われ、第一部はアラン・カミングス教授の「浅川マキ論講義」、第二部「浅川マキ／ビデオ・ライブ」、三部はアランと寺本の対談。浅川マキの生々しいビデオ・ライブの後だったせいか、マキの死の前日のライブ場面を話した段階で、アランの絶妙な通訳もあって、何人かの女性客のすすり泣く声が聞こえた。

その夜、カフェ「OTO」でDJパーフォーマンスをやっていたハワード・ウイリアムスにも会って、夜の更けるまで日本の六〇年代後半から七〇年代前半の音楽シーンについて話し込んだ。

この「浅川マキの世界」ヨーロッパ・ツアーあたりから、山崎監督の撮った七年間の文芸坐ル・ピリエのライブ映像が編集され、東京圏、大阪、京都、名古屋、金沢等で「浅川マキ・ライブ・ビデオ上映会」がひんぱんに開催されるようになり、多くの浅川マキを知らない若い人たちを集めている。また、若い女性ヴォーカリストがその歌をカバーするようになり、浅川マキの歌があちこちでうたわれるようになった。

浅川マキ没後十年メモリアル・コンサート

二〇二〇年は浅川マキが逝って十年の節目の年になる。

二〇一九年の九月のあたま、旧知のプロデューサーでマルチメディア・アーティスト・立川直樹から、毎年観光客の減る二月の金沢で、この五年ほど石川県と石川県観光連盟と北國新聞主催で開催している「冬の夜のマジカル セッション・出逢い」の二〇二〇年のメイン・イベントに、浅川マキ没後十年メモリアル・コンサート「LONG GOOD-BYE」を北國新聞赤羽ホールで開催したいと申し出があった。それもわたしと共同プロデュースでやりたいという。

十一月十二月は構成台本の作成や出演者の交渉などで慌ただしかったが、そのさなか、金沢のコンサートに付帯したイベント、浅川マキ・没後十年写真展「灯ともし頃」(撮影・田村仁)を町民文化館でやることになった。同時に「サテライト写真展」として金沢市内の浅川マキやマキファンのよく行ったBAR、ライブハウス、居酒屋、古本屋など十八店舗にタムジンの未発表写真を展示することが決まって、場所の選択などで何度も東京金沢を往復した。

年が明けた。このコンサートとは直接関係はないが、一月は没後十年とあって、マキもうたったことのある老舗ライブハウス「もっきりや」で、ふたつのイベントというかライブを仕組んでいた。

浅川マキの命日にあたる一月十七日。もっきりやで「浅川マキ・フィルム上映&ライブ」を開催した。一部は山崎幹夫が一九八七年に池袋文芸坐ル・ピリエのライブを撮影したものが上映され、二部は山崎とわたしがトーク・セッションをした。もっきりやは五十人ほどの小屋だが立見も出るほどのにぎわいで、マキが死ぬ前の晩の名古屋ジャズ・イン・ラブリーの最後にうたった歌が「さかみち」だったと話したところですすり泣きが聞こえてきた。はじまる前は何かと心配だったが、やってよかったと思った。

一月二十六日、浅川マキの誕生日。もっきりやで「Asakawa Maki : Tribute 2020」をやった。出演は、金沢とマキの育った美川町になんども通ってミュージカル『ひとり舞台・浅川マキ物語』を制作上演したアフリカ帰りの蓮沼ラビィ（ヴォーカル）と、浅川マキのデビューから七年間も支えつづけたギタリスト萩原信義、マキとのライブもレコーディングにも参加した金沢のバンド「めんたんぴん」のギタリスト池田洋一郎。それとスペシャル・ゲストとして、生前マキが「うちの妹、歌うまいのよ」といっていた実妹・道ユミ子。

北國新聞に出たこともあって、あの「もっきりや」によくこれだけの人が入ったなと思えるほどの超満員。アンコールのあとステージに呼び出されて、「このもっきりやの二夜のライブ・イベントでやっと浅川マキが金沢に帰って来た場面をつくれたと思います。浅川マキは過去の存在ではなく、いまここにいてみなさんと繋がることが出来たと思えるのです。ありがとうございました」といったら、拍手拍手のなか何人かの人が立ちあがって手を叩いてくれた。胸がきしんだ。

二月十五日。浅川マキ没後十年メモリアル・コンサート「LONG GOOD-BYE」。十三日には入って十四日は通しリハ。こんな贅沢なことが出来るのも主催の北國新聞の赤羽ホールだから出来ることで、出演者はもとより立川もわたしも気合いが入った。

本番の一番手は、わたしがいまプロデュースしているジャズ歌手MAYA。一部の出演者には三曲ずつうたってもらうのだが、彼女の最後の曲は浅川マキの日本語詞「朝日楼（朝日のあたる家）」。どこまで決まるか、超満員の客席の最後列のミキシング・ゾーンで立川と並んで見ていたのだが、レコーディングも含めてこれまでで最高の出来でほっとした。

二番手は二十六歳の中野ミホ。中学生のころにマキの「ちっちゃな時から」を聴いて浅川マキに嵌ったミホは、自分のガールズ・バンド「ドロップス」でも「ちっちゃな時から」をカバーしている。ギターのカッティングがいいので弾き語りでうたってもらったのだが、やはりこの夜の「ちっちゃな時から」はマキに聴かせたいほどの出来栄えだった。

一部の締めの三番手は川村ゆうこ。ゆうこが「あの男《ひと》が死んだら」をうたったあと、サプライズ・アクトが登場した。十六歳のとき、ケルンの日本文化センターで寺山修司監督作品『田園に死す』を観て以来、日本のアンダーグラウンド・カルチャーに魅かれ、たびたび来日して、とうとう棲みつくようになり浅川マキと出逢ったというドイツ人歌手エリン・ファン・ダイク。彼女に、町の酒場でひとり飲んでいる女に声をかけてはいけない、とうたいだす浅川マキ作詞作曲の「町の酒場で」をうたってもらった。

川村ゆうこは、フォーライフ・レコード第一回新人オーディションで優勝して吉田拓郎プロデュース「風になりたい」でデビューしたのだが、高校時代、青森県五所川原のジャズ喫茶で浅川マキばかり聴いていたという。この二年ほど、この夜も出てもらった萩原信義とともに「浅川マキを歌う」というライブを東京圏で行っている。ＭＡＹＡバンドでいい仕事をしてくれている嶌田憲二のウッドベースも入り、浅川マキが生前最後にうたった「さかみち」をやってもらったが、これは決まった。「休憩時間に入ります」とアナウンスがあっても拍手が鳴りやまなかった。

二部のあたまは加藤登紀子。東大の学生だった加藤は、「赤い風船」でレコード大賞新人賞をもらい、一躍マスコミの寵児となって困惑しているころに浅川マキと出逢った。「歌手としてもの凄く屹立している浅川マキに影響された」と述懐する加藤登紀子が、マキ自ら北山修に作詞を依頼しセルフ・プロデューサーとして目醒めるきっかけとなった「赤い橋」を暗闇の中からギターを抱えてうたいだす。いい感じでうたいおわって、ちょっとマキとの出逢いにふれてから、ギター萩原信義を呼び込み、成田ヒロシ作詞・南正人作曲「あたしのブギウギ」をうたう。

おわったところに、サプライズ・アクトとしてキャスティングしていた、女優で劇作家で歌手と多彩な顔をもつ渡辺えりが、銀のスパンコールきらきらのドレスで登場する。登紀子が「なんであんたが出てくるのよ?」からはじまって、えりの「山形県山形市の中学生のころから、浅川マキさんばかりうたっていて、今夜はるばる東京からやってきてここにいるんです」というコトバに、「で、今夜なにをうたうの?」「夜が明けたらです」と答えると、「だったらそんな派手な衣装じゃだめよ。黒の衣装に着替えてホリゾントから『夜が明けたら、夜が明けたら、この町を出るのよ』とセリフを囁きながら出てらっしゃい」と決めつけられて、えりは黒の衣装に着替え、MAYAバンド松尾明(ドラム)、嶌田憲二(ベース)、寺村容子(ピアノ)の後ろの黒幕から再び登場する。嶌田のベースが決まって、えりの遠くまで届く音圧のある「夜が明けたら」で客席は騒然となった。「十八歳で浅川マキさんを聴きたくなって上京し、池袋文芸坐のライブに行ったのですが、みんな下を向いてマキさんの歌を聴いている。マキさんも下を向いてうたっている。わたし一人が頭を上げて正面向いて見て聴いている」なんてさすが劇作家というセリフをいって、寺山修司作詞・浅川マキ作曲「裏窓」をうたい、マキの十四枚ものレコードに参加した本多俊之（テナーサックス）が登場するに及んで会場は興奮のるつぼに。浅川マキの「裏窓」とはちょっと違う風景だったが、渡辺えりは見事にうたいあげた。

　この盛りあがりにどう収拾をつけるか心配だったが、コーナーのしめくくりに加藤登紀子が再登場し、元めんたんぴんのギター池田洋一郎をバックに浅川マキの傑作心境ソング「こんな風に過ぎて行くのなら」をうたい切り、喝采をあびた。

　トリは、カルメン・マキ。六九年、浅川マキは作詞・寺山修司、作曲・山木幸三郎「かもめ」で再デビューを果たすのだが、同年カルメン・マキは、寺山修司の詞で曲は田中未知「時には母のない子のように」でデビューする。十七歳だった。

　そのマキが「あなたなしで」をうたい、「デビューした当時から浅川マキさんはわたしの目標にするアーティストでした」と二曲目に寺山修司作詞「ふしあわせという名の猫」をうたった。カルメン・マキ・バンドの丹波博幸（ギター）・清水一登（ピアノ）・河合徹三（ベース）のノリも半端じゃないところへもってきて、三曲目浅川マキ作詞、かまやつひろし作曲「にがわい」から本多俊之も加わりステージの熱は上がるばかり。オーラスの曲「それはスポット・ライトではない」では、くりかえされるエンディングに半分の客が立ちあがって、ステージからカルメン・マキやメンバーが去ってもアンコールの拍手が会場中に沸きたち止まることがなかった。

アンコール。再びカルメン・マキとバンドに本多と萩原も出てきて、寺山修司と浅川マキとカルメン・マキを繋ぐトライアングルの曲「かもめ」をやった。最後の「かもめかもめ」とくりかえす部分に、出演したMAYA、中野ミホ、川村ゆうこ、エリン、渡辺えり、加藤登紀子が「かもめ、かもめ、浅川マキさんありがとう」とうたい幕を閉じるはずだったが「アンコール！アンコール！」の客席からの大合唱にMAYAバンドのメンバーや池田洋一郎も登場して全員手を繋ぎあい三方に頭を下げ、何度も何度もアンコールに応えた。

終った。赤羽交流ホールでの打ち上げで、笑顔笑顔の出演者や関係者の前で乾杯の音頭をとった。「今夜、やっと金沢に帰って来た浅川マキに迎えてもらった気がします。みなさんのおかげです」と頭を下げ、浅川マキとコンサートを大成功にみちびいてくれたみなさんに、と乾杯した。

急激に新型コロナウイルス感染が全国に広がり、緊急事態宣言が叫ばれるようになって、いくつものコンサートやライブが中止になるなか、赤羽ホールを満杯にして盛り上がったこの「浅川マキ没後十年メモリアル・コンサート」は、いまも奇跡のコンサートだったといわれている。

下田逸郎の「風袋」

俵屋宗達の「風神雷神図」を見ると、いつも下田逸郎と南正人のことを思う。「風神・下田逸郎」と「雷神・南正人」とは五十年来の濃い付き合いだが、三人で会ったこともないし、下田に南の話をしたことも、南に下田の話をしたこともない。ふたりとも歌の旅人だが歩く道が違う。下田風神は目に見えない風を吹かせこの世とつながるあの世をうたう。南雷神は稲妻で大地を揺さぶり人間の欲望の光と影をうたう。

南正人とは疎遠な時期があるが、下田逸郎とはどんな時でも一年に二、三度は会っている。下田がいま何に興味を持って何をしているのかが気になる。下田がわたしと同じプロデューサー的感覚を持っているからだろうか。

下田はこの十年ほどは、めずらしく神戸に居ついて老舗ライブハウス「チキン・ジョージ」で『神戸港町ものがたり』というミュージカルを制作演出したり、何枚ものCDを制作して自分のホームページ「ひとひら通信」で販売したりと、メッセージを発信している。

なかでも俳優でブルース・シンガーの六角精児と組んで作ったアルバム『六角精児と下田逸郎／唄物語・緑の匂い』（二〇一七年四月リリース）は、これまで女性シンガーと組むことが多かった下田が六角と出会い、「下田逸郎の世界」が際立つことになる名アルバムとなった。BS・NHKの人気番組『六角精児の呑み鉄本線・日本旅』の挿入歌として下田の歌たちが出てくる場面がたまらなくいい。いつの間にか録画して酒を呑みながら観るのが習慣になってしまった。

また、二〇一八年に下田逸郎が作った長編映画『百億年』の中でも六角は異彩を放っていた。

ここで、今年(二〇二一年)の「ひとひら通信」に載った下田逸郎の新年の挨拶文を転載したい。

このところ「手放す」ということに　はまっています。記憶力のうすまり方とか 老化現象が強い味方です。最終的には「自分を手放す」に向かっているような気がします。そのくせ唄だけは創りつづけているのが我ながら不思議です。50年以上つくりつづけてきた唄を、誰かに唄ってもらうとか、CDをつくるとか、映画の中に流し込んでもらうとか、最近は配信とかで花咲かじじいのように宙にバラまいている気分です。バラまいているのは「種」です。この世のどこかに着地して芽が出でくるかもしれないし　風に舞ってあの世まで飛ばされるものもあるかもしれませんが、とにかく「手放しバラまく」をつづけようと思っています。そうなんですね、永遠に手放しつづけるためには、その「種」をつくりつづけていくことが必要なのですね。気障に言えば、自分の「いのち」を、ちぎっては投げ、つくっては投げと、いったところでしょうか。

この世の時間が揺らぎはじめると、あの世の時と共振してきます。そこらへんの唄を今はつくっているようです。もうしばらく自分の中の宇宙に潜りこんで唄づくりをして、きわどいところで外なる宇宙と少しでも同化できたら、思いっ切り遠くへ作品として放り投げてみようと思っているところです。

今年の唄い初めは1月23日（土）の京都・拾得です。そこらへんの新曲の気配を感じていただけたら幸いです。

いっしょに「創りながら手放す」に向かう年にしましょう。それぞれの物語を……。

手書きの下田の文字が二百字づめ原稿用紙に揺らいでいる。

下田逸郎の風に吹かれて、十一年前の『帰ってきた黄金バット』のニューヨーク「ラ・ママ」公演にも行ったし、『脚本家荒井晴彦が映画の中に流し込んだ下田逸郎の唄たち『早く抱いて』』がCDとなる現場にも立ち会った。

下田風神の背負う風袋は、いま生まれたばかりの風でふくらんで見える。

南正人が死んだ

今年（二〇二一年）一月七日、南正人は横浜のライブハウス「サムズアップ」のステージでとつぜん倒れ、ドラムを叩いていた息子（南泰人）の腕の中で息絶えた。その知らせを受けた日から浅川マキの十一回目の命日を迎える十七日までの十日間は、何も手につかず、記憶に焼き付いた南正人との濃厚な時間と場面ばかりがアタマの中をぐるぐる回って、夜も眠れないほどだった。

一九七〇年の夏。いまや伝説化した野外コンサート・イベント「第二回全日本中津川フォークジャンボリー」に浅川マキと南正人を連れていった。

南はちょうど陽が沈むころ、岡林信康がうたったあとのメインステージに立った。ギターを抱える間にも客が減って行く。南は「青い面影」をうたいだす。浅川マキと後ろの木陰でそれを見ていた。何かの本にマキが書いているのだが、「やつは自分に向かって歌っていやがる」とわたしがいったらしい。「孤峰の歌手だ！」と、胸が震えたのになんでそんなことを呟いたのだろう。

翌年の中津川フォークジャンボリーでも南正人は、岡林信康のあとにうたった。『回帰線』

を出したばかりで関西方面にも多少名前を知られるようになった南を、リベンジのつもりで岡林のあとに出してみたかった。はじめ若干客は動いたが、引き返して来る者、歌を聴いて移動して来る者と、しだいに人数はふくらんだ。ステージ裏に駆けつけて舞台から降りて来る南に近づき、「やったな！　南」と肩を叩いた。

南正人と作ったアルバム『回帰線』（ＲＣＡ）は、時間はかかったが好調なセールスを記録していた。さあ、これからだ、と思っている矢先、南は都会から姿を隠すように八王子の山中の古民家に引っ越してコンミューン生活をはじめた。

「南、やっぱりLike a Rolling Stoneで行くんだな」といったら、「転がる石のように生きるしかない」と遠い眼をした。

七三年の春。八王子の古民家でレコーディングすることになった。浅川マキと芯を喰った仕事をしてくれていた吉野金次（音響エンジニア）が16チャンネルの録音機材を持ち込み、演奏メンバーも泊まり込みで一週間のレコーディング。もう終わりに差しかかった雨の日。まだみんな眠っている明け方。ギターの音がするので縁側を覗いたら南がギターを爪弾いていた。雨の音とギターの音色がいい。吉野金次を起こして開け放たれた土間で南に弾き語りでうたってもらうことにした。音を出しはじめると、細野（晴臣）や茂（鈴木茂）、ミッチー（林立夫）らが起きてきて録音することになったのだが、雨の音が遠くなったのがいまでも残念な気がする。
南正人がプロデューサーとしてデビューすることになったこのアルバムは、『南正人ファースト』としてベルウッド（キング）からリリースすることにした。また、この日の朝、南たちが雨と共演した「五月の雨」はシングル盤として先行発売された。

八八年夏、八ヶ岳山麓で、南正人は三百人を超すミュージシャンたちと、のべ一万人の参加者を集めた八日間にわたるキャンプイン・フェス「NO NUKES ONE LOVE・いのちの祭」を中心人物として成功させた。このフェスは世界に〝日本のウッドストック〟と報じられ南は草の根運動の象徴的な存在となった。たまたまわたしは海外にいて立ち会えなかったが、帰って来て南に会ったとき、「凄かったたみたいだな」というと、「いやあ、音楽総監督やるつもりがトラブル処理監督みたいなもんでしたよ」と笑った眼が輝いていた。

南正人は、山の家が燃えて東京に戻ってから、まさに「転がる石のように」北海道から九州まで年間百本ものライブ・ツアーを三十年以上もつづけるが、九一年八月、「いのちの祭 in 六ヶ所村」をプロデュースしたあと、アジア各地を旅するようになる。
九七年、チェンマイで日本とタイの草の根コンサート「第一回ジュビリージャム」をプロデュースし、日本から五百人以上が参加するという成功をおさめた。二〇〇二年第二回とつづき、二〇一〇年からはチャンダオで「シャンバラまつり」を開催、二〇一七年の第七回「シャンバラまつり」には世界五十カ国二千五百人を超える人たちが参加した。

二〇一八年五月二十日、浅川マキつながりで同志的な付き合いをするようになった三島の磯英喜、ケニー佐藤にかかわってもらい、沼津のライブハウス「アジト」で「南正人+萩原信義ライブ」を企画した。

リハの合間の楽屋や打ち上げの席で南と久しぶりに話し込んだ。そこで、タイのフェスの話になった。「おまえは凄いよな。人の中にいてもいつも孤立峰という感じだったが、それでも同じ想いを抱いた世界中の人がおまえの周りに集ってくる。そこに大きな人の渦が出来る。それもアジア大陸の真ん中で」と、わたしの悪い癖で南の顔を見てアジってみる。「いやあ、てら、おれは人の想い想いの渦の中にいるのが面白いだけなんだ」「でもそこから連帯とか生まれる」「う～ん、そんな鎖っぽいのは嫌だな」と乗ってこない。「毎年いろいろトラブルあるけど、八回目の今年も面白かったよ」「来年、いつやるの？」「ちょうど乾季に入る二月の下旬かな」「行きたいな」「来てよ来てよ、てら」と盛り上がったが、行く約束も果たせぬままになってしまった。

桑名正博をうたい継ぐ

毎年八月七日の桑名の誕生日前後、息子の桑名美勇士や桑名錬らが中心になって「桑名正博誕生日」ライブを展開している。二〇一九年は、八月六日、中学生のころからヴォーカリスト桑名正博に憧れ目標にしてきた「杉山清貴」が、桑名バンド「トリプルX」時代に深く付き合ってくれた「芳野藤丸」と「マイナビＢＬＩＴＺ赤阪」で、全曲桑名の曲だけのライブ「馬鹿な男のＲ＆Ｒ」をやった。駆けつけた。

桑名と晩年に、濃いライブ活動をしたピアノの小島良喜は体調を崩して来られなかったが、ティアードロップス時代の是方博邦（ギター）やトリプルＸの岡本邦男（ドラムス）も出演し、清貴がすっかり自分のものにしてうたう桑名の歌たちが、新たに生まれ変わって出現したような気分を味わった。七百人もの客の真ん中で「イエ〜ィ」と声を出しまくってひさびさに興奮した。

つづいて「スウィートホーム大阪」とタイトルを変えて、十月三十一日にやった大阪梅田「バナナホール」ライブ公演にも駆けつけた。三百ほどの小屋だが超満員。はじまるまえ三十代の杉山清貴ファンだという女性と話をした。「清貴さんが桑名さんの歌をうたうというので、桑名さんのアルバム三枚買いました。桑名さん素敵です」といった彼女の笑顔と声とがいまも鮮明に記憶に残っている。

七十パーセントほどは女性客だった。杉山清貴の躰のなかに棲みついた桑名の歌たちが客席全体に蘇り、「月のあかり」では芳野藤丸の泣くギターにすすり泣く声も聞こえてきた。さらに、桑名晴子が登場したあたりで興奮は最高潮に達した。アンコールの「セクシャルバイオレットNo.1」では、清貴が誘うまでもなく客席は総立ち。

ラストの「セクシャル、セクシャル、セクシャルバイオレットNo.1」とくり返すパートがバナナホール全体をゆるがすほどの大合唱になったとき、桑名のことを想って泣きそうになった。

りりィが残した歌

二〇一九年四月十六日、浅川マキの英国盤をプロデュースしたハワード・ウイリアムスとゆきこ夫人とジュニアと四人で浅草の天ぷら割烹「金泉」で会食をしたとき、ハワードから二〇二〇年五月（コロナ禍で二〇二一年秋に変更）、浅川マキ同様りりィのイギリス盤（レコードとCD）をリリースしたいと申し入れがあった。それも二枚組である。浅川マキのイギリス盤が出てからの出来事を考えると、歌手りりィが甦る予感がしてならない。

一方で、二〇二〇年十一月十一日（コロナ禍で二〇二一年に変更）、りりィ四年目の命日に樹音の育ての親ともいわれる沖縄の新垣さんらの手によって、りりィが好きだった渡嘉敷島の海の見える丘に歌碑を立てる計画が進んでいる。いちおう曲は、「オレンジ村から春へ」が第一候補になっているが、りりィが死んで遺言歌のようになった作品「残そう」（詞・りりィ、曲・斎藤洋士）を推挙したいと思っている。

愛を残そう　夢を残そう
やさしい気持ち　それも残そう

海を残そう　空を残そう
きれいな夕陽　それを残そう
誰のために
何も知らない子供たちの明日のために

心残そう　言葉残そう
木々を渡る風を残そう
人を残そう　町を残そう
境のない国を残そう
誰のために
何も知らない子供たちが生きるために

そして幸せを置いて行こう
私たちが出来るかぎり

おわりに

一九五六年、芝学園高校を卒業して大学を受験することになった。末期のがんで病床に伏している父親から、「大学をいくつ受けてもいいが浪人だけはダメだぞ」と釘を刺された。

早稲田大学第一文学部、学習院大学経済学部、立教大学経済学部、日本大学藝術学部文芸学科と受験した。

早大文学部が落ちて学習院と立教は受かった。第一志望の早稲田がダメだった以上、戦争が終わるまで家の欄間に御真影が飾ってあった天皇陛下が通った学習院に行けば、死にかけた親父《おやじ》に親孝行のひとつも出来ると思ったりしたのだが、滑り止めに受けた日大藝術学部の空気に魅了された。

受験生以外ほとんどの男子学生も女子学生も、それぞれ好きな格好をしていてやたら明るい。六年間も芝中芝高と男子校にいたので、まず女子学生の花模様のワンピース姿に眼を奪われた。芸術をめざす学生たち個々のいきいきとした眼つきと自由なキャンパスの空気が眩しかった。親父に日藝に行きたいといったら、しばらく沈黙があって、「好きにしな」といってくれた。

当時、日藝には映画、演劇、美術、写真、音楽、文芸と六学科あった。新聞記者になりたい思いもあって文芸学科にしたのだが、家よりも映画館で過ごす時間が多いくらいの映画好きだったので、映画学科の実習講義に出席したり、同人誌「つきしま」に脚本を発表していたので、演劇学科の発表会にも顔を出したりしていた。絵画は芝中時代「美術クラブ」に入っていたほどだったので、夏の暑い日は窓を開け放って美術学科のクロッキーの時間を窓越しに覗いていた。さらに親父にカメラを買ってもらい写真を撮るようになってから、隣の本屋で写真雑誌を立ち見していたから、写真学科の教室にも出入りしていた。ただ、音楽学科だけは聴こえてくるピアノの音に耳を澄ませるぐらい。子どものころから音楽の点数も悪かったし、才能は微塵もないと近づかなかった。

大学三年のころから月島第一小学校の先輩の引きで「芸映」という会社に出入りするようになり、映画好きが認められて喜劇俳優・伴淳三郎の現場マネージャーのようなことを三年ほどやった。やがて芸映をやめることになったが、「おれには文学というものがある」といくつもの同人雑誌に参加して小説を発表したりした。食って行くために面白半分でアマンド洋菓子店の企画部長をやったり外国のテレビ番組の輸入販売会社をやったり、外タレの招聘ビジネスをやったりしたが、思いがけず二十七歳のときアビオン・レコードを立ち上げることになった。まさかいちばん表現者として遠い芸術「音楽」を仕事にするようになるとは思わなかった。

だから音楽プロデューサーという立場になっても、自分が持っていない才能を持つ歌手アーティストたちをいつも下から見上げる視線で仕事をしてきた。浅川マキにしても、桑名、りりィ、南にしても「第一番目のファンはおれだぜ」という気持ちでやって来た。だから彼らの存在は永遠だし、彼らの歌は死なないと思っている。そんなことがこの本で書けた気がする。

出版に当たって紆余曲折ありましたが、毎日新聞出版の編集者・宮里潤さんと出会い、響き合うセッションをさせてもらって出版に至ったことは限りない喜びです。ありがとうございました。

寺本幸司

写真　田村仁、ほか
装幀　本文デザイン　ガガ飯田

寺本幸司（てらもと・ゆきじ）

1938年生まれ。1968年、音楽出版ジュン&ケイを設立。以降、浅川マキを皮切りに、音楽プロデューサーとして数々の歌手を世に送り出す。
プロデュース作品「夜が明けたら」（浅川マキ）、「こんなに遠くまで」（南正人）、「私は泣いています」（りりィ）、「雨の物語」（イルカ）、「セクシャルバイオレットNo,1」（桑名正博）など多数。

本書は書き下ろしです。

音楽《おんがく》プロデューサーとは何《なに》か

浅川《あさかわ》マキ、桑名《くわな》正博《まさひろ》、りりィ、南《みなみ》正人《まさと》に弔鐘《ちょうしょう》は鳴《な》る

印　刷　2021年4月20日
発　行　2021年4月30日

著　者　寺本《てらもと》幸司《ゆきじ》
発行人　小島明日奈
発行所　毎日新聞出版
〒102-0074
東京都千代田区九段南1-6-17 千代田会館5階
営業本部　03-6265-6941
図書第一編集部　03-6265-6745
印刷・製本　中央精版印刷

© Yukiji Teramoto 2021, Printed in Japan
ISBN 978-4-620-32682-5

乱丁・落丁本はお取り替えします。
本書のコピー、スキャン、デジタル化等の無断複製は
著作権法上での例外を除き禁じられています。

JASRAC 出 2102278-101